小さな会社の がんばらない コンテンツSEO

Webma編集部［編］

マネジメント社

●まえがき

本書を手にとってくださった方の中には、

「SEO用の記事の執筆を任されたけれど、どんな記事を書いたらいいのかわからない」

「以前、SEO対策をやってみたけれど、手間がかかった割に成果が出なかった」

という方も多いのではないでしょうか。

本書では、そのような方のために、**がんばらなくても効果を出せる、画期的なSEOの進め方**をお伝えします。

「そんな都合のいい方法があるのか？」と思われるかもしれませんが、それは**「コンテンツSEO」**です。

コンテンツSEOとは、ユーザーが読みたくなる良質なコンテンツ（記事）を自社ホームページに継続的に掲載することで、集客と購入数や問い合わせ数の増加を実現する手法です。

コンテンツＳＥＯは、Ｗｅｂ広告と比較して中長期的なコストパフォーマンスが非常にいいという特徴があります。Ｗｅｂ広告の効果は、基本的に広告が掲載されている期間だけです。一方コンテンツＳＥＯは、一度良質なコンテンツをつくってしまえば、半永久的にユーザーは集まってきます。

一般的に、ＳＥＯ対策は金銭的にも人的にもコストがかかるため、リソースの少ない中小企業には不向きであると言われています。しかし私たちは中小企業の皆さんにこそ、工夫と戦略でコンテンツＳＥＯにトライしていただきたいと考えています。

実際に弊社のクライアントの中には、１ヵ月にたった２本の良質な記事を書いただけで、１年後に売上が３倍になった会社もあります。

詳細は本文で説明しますが、一度このノウハウを身につければ、長期的にＳＥＯで成果を出すための考え方がわかり、お客様を呼び込み続けてくれる「財産」となるコンテンツをつくることができるようになります。

「新商品を広めるために半年もWeb広告を出したのに、まったく成果がなかった。何か売上を伸ばす方法はありませんか？」

弊社にそのような相談に来られた中小企業の経営者がいました。

話を聞くと1年ほど前、Web広告の業者にすすめられるがままに、リスティング広告を出したそうです。

すると、確かに検索結果では上位に表示されるようになったものの、思ったような売上につながりません。

「もう少しがんばってみましょう！」という業者の言葉にのせられズルズルと続けたものの状況は変わらず、結果的に1000万円近くの損失を出してしまいました。

当時の戦略が間違いだったことに気づいたのは、1年後のこと。

その経営者は、「高い授業料でした……」と残念そうな表情を浮かべていました。正しい考え方を身につければ、このようなことは起きません。

コンテンツSEOを実施することで、記事という「スーパー営業マン」が、24時間365日、休みなくお客様にアプローチをしてくれます。もちろん、広告ではないのでいくらクリックされても費用は発生しません。長く取り組めば取り組むほど、費用対効果は高まっていきます。

実は弊社も、コンテンツＳＥＯの恩恵を最も受けている会社の一つです。

弊社では、２０２０年からオウンドメディア「Ｗｅｂｍａ（ウェブマ）」を運営し、Ｗｅｂマーケティングに関する知識・ノウハウを発信しています。この「Ｗｅｂｍａ」を通じて、集客をしています。ぜひ「Ｗｅｂｍａ」で検索してみてください。

ただし弊社の規模感では、Ｗｅｂｍａの運営に潤沢なリソースを割くことは難しいため、効率よく取り組む必要がありました。

当然、Ｗｅｂｍａの競合サイトは、同業であるＳＥＯのプロフェッショナルばかりです。そこで成果を上げて問い合わせを獲得するのは、非常に難易度の高いことです。

それでも、運用から3年目には、対前年比**売上が３４９％**になり、Ｗｅｂｍａの黒字化にも成功。そして現在は、Ｗｅｂ広告費ゼロで、毎月、新規のリードが20～30件程度獲得できています。しかもリード獲得数は、２０２１年から２０２３年までの**２年間で、４１２％も増加**しています。

なぜ、私たちのメディアが、これほどスピーディに成果を上げられたのでしょうか？

それは少ない人数で最大の成果を上げるためにはどうしたらいいのか、考えられる方法を片っ端から試し、効果的だった方法をブラッシュアップした結果です。

巷ではＳＥＯを成功させるためには、１００本のコンテンツが必要だと言われますが、そのようなことはありません。

月に１本でも２本でも、「神記事（＝良質なコンテンツ）」をつくることができれば、成果は上がります。

正直に申し上げて、資金や人材で劣る中小企業が通常のＷｅｂマーケティングやＳＥＯ対策で、大企業と同じ土俵で戦っても勝てる見込みはありません。

私たちが提唱する「がんばらないＳＥＯ」は、弱者が勝つための戦略であり、業種を問わず通用する手法です。しかも多くの中小企業はこの方法に気がついていないので、まさに「早いもの勝ち」の状態です。

すでに、多種多様な業種のお客様が圧倒的な成果を上げています。

例えばクリニック、士業、買取業（ブランド買取など）、美容サロン、不動産仲介業、システム会社、広告会社、健康食品メーカー、人材紹介、人材育成、人材派遣、不用品回収業、葬祭業、ウエディング関連、結婚相談所系、小規模コンサル業……

その中には、「月２記事×２年間」で

- **ユーザー数52倍**
- **問い合わせ５倍**

という結果を残している企業もあるほどです。

ぜひ皆さんも、「がんばらないＳＥＯ」で、いち早く同様の、いや、それ以上の成果を出しましょう。

目次

第4章

「ユーザーファーストコンテンツ」ユーザー満足度を可視化しよう

第5章

がんばらないSEOであなたの会社はもっと成長する

第1章

集客は、広告では解決しない

HPをつくり込んだのになぜ集客できないのか？

期待をこめてホームページを公開したけれど……

皆さんは、初めて自社のホームページを公開した日のことを覚えていますか？

労力をかけ、つくり込んだホームページであればあるほど、

「どのくらい問い合わせがくるだろう？」

「商品はたくさん用意したけれど、それ以上に注文が来たらどうしようかな？」

など期待も高まり、新しい船出のようにワクワクしたことと思います。


しかし公開数時間後にホームページの状況を確認すると、

「知り合いが見てくれたみたいだけど、一般の人からの反応がない」

数日後、待望の問い合わせが来たものの、内容は業者からの売り込み。

このような状態が数週間続くと、反応の薄さに当初の熱意は次第に冷め、ホームページ関連の作業は、問い合わせフォームからくるはずのメールの確認と、思い出したように最低限の更新をする程度。

期待をこめてつくり込んだホームページなのに、早くもお荷物扱いです。

ユーザーの反応がない4つの原因

なぜユーザーからの反応がないホームページになってしまうのでしょうか。それには、大きく4つの原因があります。

1　自社のサービスや商品が広く認知されていない

誰でもサービス内容がわかる業種ならともかく、自社の事業が目新しかったり、一般ユーザーに知られていないニッチな商品だったりすると、そもそもホームページを見つけてもらえません。

これはホームページの完成度とはあまり関係がありません。問い合わせや注文を増やすためには、じっくりと時間をかけて自社商品・サービスの認知度を上げていく必要があります。

2　デザインに凝りすぎ、商品やサービスを訴求できていない

オシャレなホームページをつくろうとすると、デザインに凝ってしまいがちです。あまりにもデザイン面を重視しすぎると、本来伝えるべきメッセージがユーザーに届かないことがあります。

例えばきれいな画像や動画を多用した、文字情報の少ないホームページの場合、センスの良さは伝わります。しかし、サービスや商品の詳細がわからなかったら、問い合わせにつながりません。もちろんレイアウトが稚拙だったり、デザイン性が低すぎては、見た目が悪く、企業の信頼性を損ないます。

ホームページの目的は、自社商品やサービスの訴求です。そこを忘れずに、デザインのクオリティを担保しましょう。

3　そもそもホームページが見られていない

ホームページを作成しても、短時間ではアクセス数は増えません。待つことも大切ですが、見られるための努力はそれ以上に大切です。

最低6ヵ月間、正しくSEO施策を実践することで、見込み客に見つけてもらえるホームページになります。

4　コンテンツ設計ができていない

アクセス数は多いものの、コンテンツ設計に課題がある場合もあります。「この会社に問い合わせをしたら悩みを解決してくれそうだ」と感じてもらう必要があります。内容が薄く「なんだか頼りなさそうだな」と思われたりした場合は問い合わせにつながりません。

弊社に「Web経由の問い合わせが少ない」というご相談に来られるお客様の状況を分析すると、特に4番目の「コンテンツ設計ができていないケース」が最も多いです。

「お金をかければ集客できる」という勘違い

「SEO会社やマーケティング会社にお任せ」ではうまくいかない理由

お客様から、よく「ホームページにかなりお金をかけたのに、期待通りに集客できていません。エクスコアさんなら、なんとかしてくれますか？」というご相談をいただきます。

このとき、確認するのが、「お客様がどこにお金をかけているのか」です。

コンテンツ制作に費用をかけているのか、運用型広告なのか、またはＰＲ施策なのか。さらに、他で過去に実施した施策についても詳しく確認します。

ヒアリングの際、お客様が「制作から運用まで、業者にすべてお任せしたいです。それなりのお金を払えば、あとはなんとかしてくれるんでしょう？」というスタンスの場合も、うまくいかない可能性が高いです。

ホームページで集客するためには、お客様と我々の協力・信頼関係が必要です。

お客様と一緒に、ホームページを育てていくという感覚に近いです。

その過程で運用状況や集客数の変化など、施策の進捗についてお客様から情報をいただく必要があります。施策を打った後、そもそも施策が正しかったのか、あるいは間違っていたのかなど、効果がわからないと、次なる対策は打てません。

ところが「もう全部お願いしたから」と、必要な情報を共有していただけないケースがあります。

このようなときは困ります。閲覧可能なデータからおおよその仮説を立てて取り組むことはできますが、限界があります。

そもそもコンテンツ制作をスタートする際には、訴求点を明確にするために、お客様のサービスの強みを把握する必要があります。併せて顧客層も明確になっていなければ、的確なコンテンツがつくれません。中小企業の場合は特に、担当者の方も本業をこなしながら、ホームページを担当されている場合がほとんどです。多忙のあまり「あとはそちらでやっておいて！」と思われる気持ちもわかりますが、情報のない状態で効果的な施策を実施することは不可能です。

「高いお金を払っているのに、効果が出ない」と嘆く前に、アクセス解析ツールの共有と、実際に売上につながった件数、ユーザーからの問い合わせ内容など、一定の頻度でSEO会社にフィードバックすることをおすすめします。

それによって、期待される成果を得られる確率は格段に上昇します。

不必要に豪華なホームページはムダになる

もう一つ「高いお金を払っているのに……」という不満を抱かれる場合に多いのは、身の丈以上に制作費をかけてしまったというケースです。

「せっかくだから、有名な制作会社にホームページをつくってもらおう」などと考えてしまうと、想定以上にお金がかかってしまいます。

制作会社も決して悪気があるのではなく、よりよいものをつくろうと考えていろいろな提案をしてきます。それらを聞いて「確かに、そのほうがいいな」と承認し続けていたら、コストはどんどん膨らんでいきます。

しかし、ハイクラスなブランドは別として、一般的な中小企業が集客を目的としたホームページをつくるのであれば、ギラギラしたホームページを用意する必要はありません。問い合わせや商品の注文につながる設計ができていれば、十分です。

コストと効果が見合っていないと感じたら、ぜひ「制作会社とコミュニケーションが取れているか」「過剰な投資をしていないか」という2点を振り返ってみてください。

高額化するリスティング広告のクリック単価

大手と競合の参入が単価を押し上げる

リスティング広告のターゲットは、自ら情報を取りに来ているユーザーなので、本来はコンバージョン率が高く、効率のよい広告です。コンバージョンとは、購入や申し込み、資料請求などの最終的にユーザーに行ってほしい行動のことです。

しかし最近では中小企業の方にとって、コストパフォーマンスの点であまり魅力的なものではなくなってきています。その理由はクリック単価が上昇傾向にあるからです。

リスティング広告は、他社よりも高い広告費を払った会社が有利に表示されるオークション形式です。上限クリック単価に品質スコアをかけて算出される広告ランクによって掲載順位が決まります。競合が多かったり、大企業がオークションに参加している場合は、必然的に競り勝つためのクリック単価は高くなります。

さらにクリック単価上昇の背景には、巨大な専用サイトの存在があります。

例えば不動産業界にはSUUMO、中古車販売にはガリバーのような巨大サイトがあります。巨大サイト業者は、Googleなどに様々なキーワードで出稿し、自社サイトへ流入を促します。

このとき、一般的な中小企業と巨大サイト運営企業は直接の競合になるわけですが、オークションの結果、どちらに軍配が上がるかといえば、当然後者です。

そして同様のことがいろいろな業種で起きているというわけです。

成長市場ゆえの「高額化」

スマートフォンの普及によってインターネットユーザーが爆発的に増えたことを背景に、多くの企業がWeb広告を重要視するようになりました。

電通の調査によれば、2022年のWeb広告費は、前年度約114%のおよそ3兆1000億円です。比較対象となる「マス4媒体（テレビ、ラジオ、新聞、雑誌）」の広告費が約2兆4000億円です。Webの広告だけで、ほかの4媒体の総広告費を超えているのですから、Web広告がいかに規模が大きいかおわかりいただけます。

そして、人が多く閲覧する媒体になったからこそ、より多くの広告主が集まり、その結果、広告単価は上昇してしまうのです。

もちろん、広告に意味がないとは言いません。

しかし、自分のビジネス市場のクリック単価や競争の状況で、広告が割に合わないと感じた場合、もっと効率的な集客方法を検討したほうがメリットは大きいでしょう。

クリックされてもコンバージョンしない

あいまいなキーワードでは顧客は振り向かない

SEOを実施して上位表示され、クリック数もそれなりに増えているのにコンバージョンがほとんど増えない……。

「いったいなぜなんだろう？　しっかり商品情報も載せているのに。ウチの商品はそんなに魅力がないのだろうか？」

そんな嘆きが聞こえてきますが、実はよくある失敗事例です。

例えば、離婚問題に強い弁護士事務所が、「弁護士」というあいまいなキーワードでSEO対策を進めてしまうと、サイトにたどりつくユーザーは必ずしも見込み客ではありません。

相続に困って弁護士を探している人かもしれないし、交通事故のトラブルを解決したいという人もいるでしょう。あるいは、弁護士事務所への就職を考えている学生という可能性もあります。

せっかくホームページにやってきたこの人たちは、残念なことにすぐに離脱してしまいます。

では、どうすればいいかと言えば、「離婚問題で弁護士を探している人」が検索する際に使用するキーワードを考えるのです。月並みですが「離婚に強い弁護士」「離婚 慰謝料相場」などのキーワードを選定するべきでしょう。

具体的なキーワードほど、コンバージョンにもつながりやすい傾向があります。

また、「検索をかけたキーワードに対応するコンテンツを、つくり込んでおくこと」でさらにコンバージョン率を上げることができます。

自社の得意分野や解決事例を、ホームページ上でしっかりと打ち出すことで、確度の高い理想の集客が実現します。

幅広い顧客を獲得しようと欲を出し、「あらゆる案件に対応します」という方向でホームページをつくってしまうと、せっかくの特長が伝わりません。

「得意分野をメインにしてしまうと、他の顧客が集まりにくく間口が狭くなるのでは？」と心配になるかもしれませんが、まずは得意分野を打ち出していきましょう。これは鉄則中の鉄則です。

顧客が購入したいときに、購入できるようにする

もう1点、流入数が多くてもコンバージョンにつながらない理由として考えられることは、商品の購入や問い合わせをしたくなる仕組みができていないケースです。

購入意欲をそそる、とても出来のいいコラムがあったとします。ただ少し長めの文章だと、最後まで読まない人も一定数は想定されます。

そのようなとき、コラムの一番最後にしか購入ボタンがなかったらどうなるか。

長いコラムを読み疲れて、途中で離脱してしまったユーザーからのコンバージョンは期待できません。

しかし、コラムの途中に「購入ボタン」があったら、「これほしいな！」と思ったときにタイミングよく購入するかもしれません。

ＳＥＯ対策をしても効果が出ない3つの理由

1　ＳＥＯ対策の優先順位がつけられていない

がんばって対策しても効果が出ないことがあります。そのようなとき、つい「ＳＥＯなんて効果がないじゃないか」と考えがちですが、そうではありません。

ほとんどの場合は、間違った努力や方向性でＳＥＯを進めていることが原因です。

その原因は、主に3つあります。

一つ目は、ＳＥＯ対策の優先順位が間違っているケースです。例えば、サイト構造が整っておらず検索エンジンに伝わりにくい状態では、新たなコラム記事を増やしても適切な評価を受けられません。

ただ、ホームページの構成が適切かどうか判断するためには、専門的な知見が必要です。ＳＥＯ対策を始める前には、専門家にその点をしっかり確認してもらい、必要があればホームページの改修から始めてください。

2　SEO会社、マーケティング会社に頼りすぎる

ＳＥＯ会社やマーケティング会社の中には「全部ウチに任せてくれれば安心ですよ」と言ってくる会社があります。

そう言われてしまうと、「餅は餅屋」とばかりに、対策の進捗も確認することなく、悪い意味で丸投げしてしまいたくなるかもしれませんが、それは避けるべきです。

ＳＥＯ会社にも、自社が強みにしているオリジナル技術など、お客様に明かすことができない面ももちろんあります。それでも何の説明もなく「自分たちに任せてください」というのは、逆に言えば、失敗も隠蔽されてしまうということです。

透明性のない会社に、大切なＳＥＯ対策を依頼するべきではありません。ある程度透明性のある会社を選ぶようにしましょう。

3　意味のない施策を進めてしまう

巷にあふれるＳＥＯ対策には意味のないものも多くあります。再現性がなかったり、かつては通用したものの現在は効果がないもの、または現在はスパムとみなされてしまう逆

効果な施策などもあります。

例えば「文章には、全体の4～6％の分量でキーワードを入れる」「キーワードはページの左側にくるよう、文章を調整する」「被リンクを購入する」などの方法を聞いたことがあるという方もいるかもしれません。

1番目と2番目については「実際の効果のほどはわからない」というレベルの施策ですが、3番目の「被リンクの購入」は、絶対にやってはいけない施策です。

自称「SEOに詳しい専門家」からこのような提案を受けたら、まずはセカンドオピニオンを受けるようにしましょう。

SEOの正解はGoogleしか知らない？

「Googleのアルゴリズムを知っている」という話は眉唾

お客様から、次のような相談を受けたことがあります。

「ある会社から『ウチには元Googleの社員がいて、Googleのアルゴリズムを完全に把握しています。しかもＡＩを使って日々チューニングをかけてＳＥＯを実施しているので、確実に成果が出ます』という話をされたんです。御社にも、そのようなサービスはありますか？」

私は眼の前のお客様に、なんと答えていいものか困ってしまいました。なぜなら、そのようなサービスはありえないからです。

Googleの検索アルゴリズムの更新は毎日実施され、「コアアップデート」という大規模な更新も、年に数回の頻度で実施されています。

つまり、Googleの「元」社員が「アルゴリズムを完全に把握」することはまず不可能です。

しかし「Googleのアルゴリズムがわかる。必ず検索順位が上がる」という話には人を引き付ける魔力があるようで、実際に振り回されてしまう方もいます。

上位表示の条件はGoogleが明かしている

怪しい話を信じてしまう背景には、「検索結果は、ブラックボックス化したGoogleがすべてを決めている」というミステリアスな雰囲気があるからかもしれませんが、実はGoogleは、「Google検索セントラル」というコンテンツで、SEOにおけるGoogleの推奨事項、わかりやすく言えば、ホームページを上位表示させるための方法を公にしています。

こう言うと「なんだ、じゃあこのページを見れば、誰でも簡単に検索順位を上げられるじゃないか」と思うかもしれませんが、ここに書かれているのは、「キーワードを左に寄せる」「キーワード出現率を○%にする」などの些末なテクニックの話ではありません。

検索エンジンが品質の高いページを的確に判断できるようにするための方法です。

そして〝品質が高い〟という意味を私なりに解釈すると、「訪問したユーザーが、自分の目的に合致する有用な情報に、容易に確実にアクセスできること」です。

よく言われていることなので、ご存知の方もいるかもしれませんが、Googleが目指しているのは〝ユーザーファースト〟です。

考えてみれば、これは当たり前のことでもあります。

ユーザーが検索上位に表示されたページにアクセスしたところ、そのページがあまり役に立たず、またページ自体、非常に使いづらいものだったとしたら、Googleの信頼性が低下してしまいます。そうならないために、Googleは「質のよいホームページ」を求めているのです。

本書の執筆時期に近い2024年3月に、Googleのコアアップデートが行われました。

Googleは、このアップデートによって「ユーザーが有用と感じるコンテンツが多く表示されるようになる」と語っています。

SEO外注で費用対効果を感じない企業は8割

実は効果を保証できないのが真っ当なSEO対策

まずお伝えしておきたいことがあります。それは「SEO対策では明確な費用対効果を提示することはできない」ということです。

誤解しないでいただきたいのですが、これは「やっても効果がない」ということではありません。効果の保証が難しいということです。

仮にSEO対策そのものはうまくいって検索結果で上位表示されたとしても、コンバージョン数が増えるまでには、さまざまな予想困難な要素がからんでくるからです。

そもそも、検索結果で上位になったからといって、100%アクセスされるわけではありません。クリック率、アクセス後のホームページ内でのお客様の動き方、問い合わせページへの遷移率、そして送信ボタンのクリック率……。これらを、正しく予測するのは非常に困難です。もちろん過去の実績からある程度推定することはできますが、常に同じとは限らないからです。

また、市場に変化があれば、それも考慮しなくてはいけません。

そのため、「〇万円で△件の問い合わせを確約!」などというSEO業者がいたら、なぜそのようなことを断言できるのか、確認したほうがよいでしょう。

第2章

最新コンテンツSEO・オウンドメディアの基本知識

「コーポレートサイト」でコンテンツSEOを行う

SEO施策はホームページの種類によって異なる

ホームページと一口に言っても、その種類は一つだけではありません。目的や役割によって、ホームページは大きく次の３つの種類に分けられます。

１　コーポレートサイト

会社の概要や業務内容、商品紹介といった、企業情報全般がわかるものです。中小企業のホームページのほとんどがこのタイプでしょう。所在地や連絡先、組織といった基本的な情報、取り扱っている商品やサービスの紹介、さらに最近では企業理念や社会に対する取り組みなどを紹介しています。

2 ブランドサイト

大企業では、新商品や代表的な商品だけにフォーカスした「ブランドサイト」をつくることがあります。

例えば、トヨタ自動車でいうと、企業情報や経営理念、ＩＲ情報が載っているのが、コーポレートサイトです。それとは別にLEXUS（レクサス）公式サイトというものも存在します。こちらはブランドサイトです。

ブランドサイトは、商品・サービス名などを含む指名検索で上位を獲得することが重要です。そのために、ニュース性の高いプレスリリースを打ったり、キャンペーンやイベントを開催したり、オウンドメディアを運用したりするなど、認知を高めて指名検索を増やす施策を実施します。

3 オウンドメディア（ブログ）

オウンドメディアとは、コンテンツＳＥＯで主役となる「コラム」「記事」などの〝お役立ち情報〟をまとめたサイトです。内容としては、ユーザー目線で悩みや不安にしっかりと寄り添い、質の高い記事を積み上げていきます。

そして自社のサービスや商品が、悩みに対する一つの解決策であることを紹介することで、集客につなげ、目的を達成します。

オウンドメディアを構築するには1年間で500万円覚悟しよう

もし、オウンドメディアを新規で構築するなら、初期開発費用が最低でも100～300万円、さらにコンテンツ制作やシステムの保守費用なども含めて、およそ1か月あたり20～50万円ほどかかります。

オウンドメディアを構築するメリットとしては、幅広いジャンルを網羅的に展開することができ、多くのユーザーを集めることが可能になります。

しかし、中小企業の場合は、かけられる予算やリソースは限定的です。

そのため幅広い一般的なテーマを扱うと、リソース不足のため浅い記事になってしまい、サイトの専門性を高めることができなくなります。

社内3割、外注7割で「実業に専念」がベスト

社内で進めるべき「3割」の内容とは

ＳＥＯ対策は社外に丸投げすると効果が出ないことを前述しましたが、我々のようなＳＥＯ会社に上手に外注することで、社内の負担を減らし、効果を最大化することができます。

その外注の割合ですが、ＳＥＯ会社が７割程度、お客様が３割程度という力の配分がベストです。

なお、この「３割」とは、具体的な作業として３割を負担するという意味ではありません。ＳＥＯ対策への理解を深めて、必要な施策を取捨選択する素養を身につけるということです。

「そう言われても、何をしていいのかわからないよ」という方もいらっしゃると思いま

す。そこで、実際に我々が行っている取り組みをご紹介します。

まず「そもそもSEOとは何か」を理解していただきます。

そのうえで、Google サーチコンソールや Google アナリティクスといった測定ツールの使い方に慣れていただきます。

これらのツールを使うことで、検索順位やクリック数、クリック率、各コンテンツのセッション数、ユーザー数、コンバージョン率、滞在時間など、集客にまつわるホームページの状況を数字で把握できます。


SEO対策の第一段階としてコーポレートサイトを改修することが多いのですが、測定ツールを使うことで、改修前と改修後でどのような変化があったのか数字で把握できます。

そしてある程度ツールの使い方に慣れてくると、数字の関連性や、そこから見えてくる課題も理解できるようになります。

数字が読めるようになったら、目的のために必要な施策を考えるフェーズになります。

もっとも、そこにいたるまでは相応の時間がかかりますし、そもそもこれらのツールを本気で使いこなそうとすると、かなりの労力がかかります。もはや「社内3割」というレベルではないでしょう。

ですから、はじめのうちは、代表的な数字とその見方を理解いただければ大丈夫です。

その中で疑問点が出てきたら、SEO会社に質問を投げかけてみればよいでしょう。リアルなデータをもとにコミュニケーションを重ねることで、生きた力が身につくはずです。

業者に「丸投げ」するべき業務もある

ホームページの構成が検索エンジンに最適化されている状態になったら、コラムの執筆を進めていきます。

我々がコラムを執筆する際には、SEO効果がしっかり出るコラムにするために、お客様に徹底的にヒアリングさせていただきます。

ただ、いずれは、上位コンテンツと自分たちのコンテンツの差なども理解しながらお客様自身で対策を考えて、実施するところまで自走できるようになることが、お客様にとってはベストです。なぜなら生身のユーザーと直接相対しているのはお客様であり、ユーザーの要望を肌感覚で理解されているはずだからです。

一方で、全面的に専門業者にお任せいただいたほうがよいこともあります。

それは**施策の内容と進める順番**です。

なぜならSEOの施策実施中は、個々の結果に一喜一憂するのではなく、SEO対策全体を俯瞰して、かつ専門的な知見を持って効果を分析しながら、打ち手を変えていく必要があるからです。

3人の生成AIを〝恋人〟にしよう！

キモは「プロンプト」にあり

調査会社Grand View Research Inc.は、生成AIの市場で2022〜30年にかけて年平均で35・6％の成長を遂げ、2030年には14兆円を超える市場規模になると予測しています。

もしＳＥＯに本格的に取り組むとしたら、生成ＡＩを利用しない手はありません。

特に、「自分は文章を書くのが苦手で……」という方が、一本10時間かけて仕上げているような場合なら、相当な時短が期待できます。

生成ＡＩが、あっという間に何種類でも優秀な下書きをつくってくれ、その下書きに手を加えればコラムが完成します。それこそ１時間あればコラム１本がつくれます。


このようなお話をすると「生成ＡＩを試してみたら、簡単なやりとりはできたけれど、仕事で使いものになるような回答は返ってこなかった」という声が聞こえてきますが、それには理由があります。

ＡＩに対する質問のことを「プロンプト」と呼びますが、自分がほしい回答を得るための適切なプロンプトを用意できていないからです。

漠然とした「〇〇について書いて」といった問いかけでは、まず期待した回答は返ってきません。しっかりしたコラムの下書きを書いてもらいたい場合であれば、生成ＡＩがこちらの要望を理解できるプロンプトが必要なのです。

逆に言えば、適切なプロンプトを用意できれば、生成ＡＩはコラム作成の強力な味方になるということです。本書の80ページには、プロンプトの例を示しています。ぜひ参考にしてください。

ちなみに、現在よく利用されている生成ＡＩは、OpenAIが開発しているChatGPT、マイクロソフトのCopilot、アルファベット（Google）のGeminiの３つです。

どれも無料で使え、性能的には大きな差はありませんが、生成される回答にはそれぞれの特徴があります。またChatGPTをはじめとする無償で利用できる生成ＡＩサービスには、より精度の高い有償版もあります。必要に応じて使い分けてみてもいいでしょう。

コンテンツSEO初心者「よくある疑問」5選

疑問が出るのは知見がたまってきた証拠

コンテンツSEOに取り組み始め、知見がたまりつつあるお客様には、共通して抱きがちな疑問、悩みがあります。〝SEO未経験者〟だったころとは違い、いろいろな点で理解を深められているからこその疑問です。

そこで、お客様によくある5つの疑問と、対応方法をご紹介します。

1　どんな記事がSEOに効果的かわからない

よくいただくご相談ですが、「何を書いたらSEOに効果的かわからない」という疑問です。

記事作成において大切なことは、Googleに好かれるための記事を書こうとしないことです。徹底的にユーザーの立場になって、「何を知りたくて検索をしているのか」を考えてみましょう。

実際に自分の顧客に話を聞いてみるというのも一つの方法ですが、それではどうしても数やバリエーションに限界があります。

そのときに便利なのが、「Yahoo! 知恵袋」のような掲示板や、「X」などのＳＮＳコンテンツです。

ちなみに昨今のＳＮＳには、顧客を装ってはいるものの、実は違うというアカウントが存在しています。自分でこれらの情報を選別する自信がなければYahoo! 知恵袋を使ってみるとよいでしょう。

Yahoo! 知恵袋は、自分の困りごとを書き込むと、いろいろな人がそれについて回答してくれるというサービスです。

ここで、自分がキーワードにしようと考えている言葉（歯科医院ならホワイトニング、弁護士事務所なら相続など）で検索をかけ、質問内容を調べてみるのです。すると、どのような不安や疑問があるのかを把握できます。そして、その疑問・質問に対して自分ならどう答えるかという観点で記事をつくります。

2 キーワードの選定方法がわからない

「テーマが決まらない」「ネタ切れしてしまった」という悩みもよく相談されます。

一つの解決策としては、ラッコキーワードなどのSEO支援ツールを使い、自分が訴求したいサービスのサジェストワードを調べれば、どのようなことを知りたくて検索しているユーザーが多いのかすぐにわかります。

ホワイトニングが得意な歯科医院の場合、「ホワイトニング」と入力すると、「歯磨き粉」「自宅」「値段」などのサジェストワードがすぐにわかります。必ずしも集客に有利なワードばかりとは限りませんが、それらのサジェストワードを交えつつ、自院の優位性を感じさせる記事を書くことで、集客力が高まります。

また、自社のホームページはどのようなキーワードで検索をされているのかを調べるのも一つの手です。

実際には、SEO対策で選定していないキーワードで表示されることも多くあります。その意図していない、自分の意識になかったキーワードが、実はお宝キーワードだったということもあるのです。

それでもピンとくるキーワードが思い浮かばない方は、ペルソナをもとにしたカスタマージャーニーマップをつくるというのも手です。

カスタマージャーニーマップについてはここでは省略しますが、一言でいえば、顧客が自院をどのように知り、問い合わせにまでいたったのかという流れを、フェーズごとに分析していくものです。

例えば「ホワイトニング」の関連の言葉でいえば「結婚式の準備」というフェーズで興味を持つ人もいるでしょう。

結婚式に備えて歯を白くしておきたいというニーズを反映したキーワードですが、これは、「ホワイトニング」をサジェストツールで調べても出てくるものではありません。だからこそ、ペルソナを意識して発想するということも、大切な考え方なのです。

3 効果測定の方法がわからない

記事が、どのくらい集客に寄与したかを測定することは、執筆のモチベーション維持や、修正点の確認のために不可欠な業務です。

そこで必須になるのが、「Google サーチコンソール」や「Google アナリティクス」などの測定ツールです。Googleサーチコンソール上で必ず見てほしい数字は、キーワードでの検索結果が何位であったかを示す**「平均掲載順位」**、ホームページへのリンクが何回表示されたかを示す**「表示回数」**、リンク先がクリックされた数である**「クリック数」**、〝クリック数／表示回数〟で算出する**「平均クリック率」**の4つです。

Google アナリティクスで確認するべきことは、**どのランディングページからどのくらいセッションを獲得したのか、コンバージョンを何件獲得できたのか**の2点です。

いずれの数字も重要ではあるのですが、最初の段階では、シンプルで成果としてわかりやすい「クリック数」が増えているかどうかを見ていくのがよいです。どれだけのユーザーが見てくれているか一目瞭然なので、励みにもなります。

4 どの「情報源」を見て記事を書けばいいかわからない

記事のネタ探しをしたり、他社サイトをチェックしていると、データが不正確だったり、あるいは情報の出所がわからないという場合があります。

信頼性の低い情報を基にコラムを書き、誤りがあると、ホームページの信頼性が一気に低下してしまいます。

それを防ぐために、参照する情報は、官公庁が出しているデータや査読された論文など、いわゆる信頼性の高い情報にするべきです。

もちろん、ネットニュースの記事やほかの人のブログなどを見てコラムのヒントを得る場合もあるでしょう。それ自体は問題ありませんが、内容を鵜呑みにせず、参考にするならデータは原典までたどり、間違いのないことを確認することが必要です。

面倒かもしれませんが、このように信頼性の高い情報を参照するクセを身につけておくことで、どこからも後ろ指を指されないコラムを書けるようになります。

世の中には、信頼性の高い情報は、それほど多くありません。理論上は確かに推測できるが実証データはないといったレベルの情報も、無数に存在しています。そのような場合は「～だと考えられます」など、表現方法を工夫しましょう。情報発信に対する誠実さ・正確さは、非常に大切なポイントです。

5 「上位表示」される仕組みがわからない

上位表示を目指す場合にやるべきことは、狙っている検索キーワードで上位表示されているコンテンツを、しっかり分析することです。

「分析」というと大げさですが、要は「どのような話が」「どのような構成で」「どのように展開されているか」をチェックします。

例えば「インプラントの安全性」についての記事であれば「インプラントの説明」「インプラントのリスク」「安全性の高い医院の見分け方」などを紹介することになると思いますが、それらをどのように記事化することで上位表示につながっているのかを分析することで、自分たちが何をどのように書くべきか見えてきます。

ただここで、注意するべきことが一つあります。

それは、「同じような記事を書いてはいけない」ということです。もし自分たちの記事がコピーコンテンツと判定され、しかもそのようなコンテンツが大量に発生してしまった場合、最悪のケースではGoogleからスパム認定され、サイトの評価が下げられてしまいます。

上位記事を見るのは、それらよりもさらにユーザーにとって有益な、優れた記事をつくるためです。オリジナリティがありユーザーに役立つ記事こそ、最高の価値があることを忘れないでください。

なぜ経営層の「ライティング体験」が必要なのか？

経営者しか書けない記事を書く

SEOを進める中で、社内の担当者が記事を書くことは重要です。それに加えて、さらに我々がおすすめしたいのは、経営者、つまり社長が直々に記事を書くことです。「担当者でさえ忙しくて書けないのに、社長なんてますます無理だろう」と言われそうですが、それでもやはり、私たちは社長こそ記事を書くべきと考えています。

その理由は2点あります。一つ目が、社長だからこそ書ける、オリジナル性のある記事が期待できるということです。そしてもう一つが、経営者自身が、SEOへの関心や知見を高めることができるということです。

記事制作だけをとっても、外注よりは内製化、部下頼みの内製化よりも経営者が関わるほうが、関係者全員の士気が上がります。

実際、我々のお客様の中には自身で記事を書かれる経営者の方もいらっしゃいます。その方も最初のころは、どこか部下任せで、月例報告会でも関心が薄い様子でした。

しかし「社長も記事を書かれてはいかがですか?」とおすすめして、実際に公開してみたところ、その記事の成果が気になり始めたようで、測定ツールの結果を見ながら「この数字とこの数字は、どのような関係があるんですか?」「この数字を上げるにはどうしたらよいのでしょう?」など、熱心に質問されるようになりました。その結果、会社をあげてコンテンツSEOに取り組んでいこうという機運が高まり、目標を上回る集客を達成しています。

PREP法なら原稿が簡単に書ける!

「書くことにあまり慣れていない」という方におすすめしたいのがPREP法という文章術です。

具体的には、「P=Point（結論）、R=Reason（理由）、E=Example（事例、具体例）、P=Point（結論を繰り返す）」という順番で書いていく手法です。PREP法に沿って文章を作成することで、相手が理解しやすい文章になるのです。

もっとも、厳密にこの構成通りでなければならないということはありません。実際の運用では、Rが抜けたり、Eが抜けたり、RとEが逆転したりということもあります。型にこだわりすぎず、気軽に使ってみるとよいでしょう。

例えば

「会社の固定費を下げるには家賃の安い事務所に引っ越すのが一番効果的」＝P

「なぜなら、固定費の中で大きな割合を占めるのは家賃だから」＝R

「実際に家賃を半額にした会社は、固定費を激減させることができた」＝E

「やはり固定費削減の一番の対策は、家賃の安い事務所にすること」＝P

という具合です。

PREP法の詳細については、いろいろなホームページで解説されているので、ぜひ調べてみてください。

サイト修正と適切なSEO対策で患者が3倍増!

本章の最後に、コンテンツSEOによって集客に成功したA歯科医院の事例を紹介します。

A歯科医院は、海外のインプラント専門医とのコネクションを生かして、歯科医師向けに講習会を開催したりするなど、インプラントに関して豊富な経験と高い技術を持つ医院です。

しかし、自身の医院では新規のインプラント患者を増やすことに苦戦しており、何とかしたいと弊社を訪ねてこられました。

「たいしたことはできませんが、自分の技術が、困っている患者さんの役に立てば」。最初にお会いしたとき、A院長は謙遜していましたが、ヒアリングを進めると、素晴らしい実力と実績のある先生であることがわかりました。

そこでまず、私たちは、A歯科医院のポジショニングを検討しました。

インプラントは保険適用外の治療なので、費用にも幅があります。できるだけ安く済ませたいという患者もいれば、多少お金はかかってもしっかり診てくれる医師にお願いしたいという人もいて、それぞれに合った歯科医院があります。

A歯科医院の場合は、「料金は高くても、それ以上の価値を提供してくれるハイレベルな歯科医院」というポジショニングが適切と判断し、施策を進めることにしました。「高価格・高技術」の裏付けとして、A医師の技術と実績をすぐに確認できるよう、サイト構成を調整します。

次にコンテンツSEOについては、すでにインプラントを意識している顕在層から、歯に問題を感じているものの、まだインプラントのことは考えていない潜在層のどちらにも響くキーワードで記事の作成を進めました。

具体的には顕在層に対しては、「インプラント　入れ歯」「インプラント　セカンドオピニオン」など、別の手段と比較しながらインプラントを検討している人から、別の医院でトラブルになった患者さんまで拾えるように選定しました。

潜在層に向けては「入れ歯　合わない」「入れ歯　歯がぐらぐら」のように、歯にまつわる周辺から攻めていき、やがてインプラントのよさに気づいてもらうという戦略で記事作成を進めました。

こうすることで、歯について根本的な問題を抱えているユーザーの検索結果にはA歯科医院が表示され、プロフィールを見ると「この先生はインプラントに詳しそうだな。問い合わせてみようかな」という流れになっていったのです。

その結果、施策開始後、ユーザー数は7倍以上、問い合わせも3倍以上という、想定以上の成果を得ることができました。

「お陰様で、インプラントの患者さんが急に増えました。これからもっと研鑽をつんで、よりよい治療を提供できるようがんばります」

A医師は力強く語ってくれました。

第3章

「読みたい！　買いたい！」と思わせる記事の書き方徹底解説

「オリジナルコンテンツ」を「神記事」にする

「神記事」に必要な「包括的な説明」と「独自性」

コンテンツSEOを実施していると、検索上位に表示され、コンバージョン率も高い神記事が生まれることがあります。神記事をどのようにつくっていくかを本章では解説していきます。

上位表示される記事には「包括的な説明」と「独自性」が必要です。

「包括的な説明」とは、ユーザーの疑問やニーズに対してあますことなく応えられているか、ユーザーの目的達成に必要な情報をもれなく提供できているかという観点です。

歯科医院のケースで考えてみましょう。

「インプラントの安全性」について検索しているユーザーは、おそらくインプラントをするかしないかで迷っているのでしょう。

そこで必要なのが、インプラント治療の効果、失敗のリスクなど、インプラントに関する包括的な説明です。最低限こうした情報がなければ、ユーザーのニーズを十分に満たすことはできないため、上位表示することも難しいです。

問題は、そのあとです。

包括的な説明で終わってしまうと、肝心な「独自性」を打ち出せません。

では、どのように独自性を打ち出せばよいのでしょうか。

1 具体的な事例をあげる

「自分の体験」はまさに「オリジナル」なものです。

インプラントの安全性であれば、リスクへの対応、想定外の事態を未然に防ぐ方法など、医院での取り組みを紹介したり、実際の患者とのやりとりなどを掲載したりするのもいいかもしれません。ただ、お客様について記事にする際には、相手のプライバシーへの配慮を欠かさないようにしてください。

また、自分の体験を極端に一般化することも望ましくありません。体験は体験として参考情報として記載するとよいでしょう。

2　自分自身の考察や見解を述べてみる

「自身の考察や見解を述べる」ことも大切です。

大学を卒業された方の多くは〝卒業論文〟を書かれたことがあると思います。

私も卒業論文を執筆した際には、担当の教授に「先人たちの残した素晴らしい論文を引用するだけではなく独自の見解を文章にしていかなければ、その論文に価値がない」と指導されました。

この考え方は記事においても大切です。

本書の読者には業界における現場の最前線を走っており、業界内のさまざまな事柄に対して持論のある方もいると思います。

記事で考察や見解を述べることで、独自性はぐっと引き上がります。

「購入検討客」向けの記事を20本つくれ！

「記事100本」の都市伝説がまかり通る理由

すでにコンテンツSEOに取り組んでいる方なら、「成果を出すには最低100記事が必要」という話を聞いたことがあるのではないでしょうか。

確かに過去には、コピーコンテンツを量産することで上位表示を実現できた時代もありました。

しかしGoogleのアップデートで「記事の数」で勝てる時代は終わり、質の時代が到来しました。

いまや、質の伴わない記事を量産しても、負の資産が増えていくばかりで、事業に貢献することはありません。逆に記事の数は少なくても、見込み客に刺さる良質な記事であれば、Googleに評価される時代になったのです。

私たちは、今までの経験から、「ほとんどの中小企業が、コンテンツSEOで成果を出すためには、20記事あればいい」と考えています。

中小企業のライバルは、あくまで、同じ中小企業です。

大企業を相手にしようとするから「100記事が必要」という話になってしまうだけで、中小企業の中で勝ち抜くためには、まずは1年間に20記事があれば十分効果を感じられるようになるでしょう。

洗練された20記事をつくるためのメソッド8

ただしその20記事は、ユーザーが最も知りたい内容であることはもちろん、問い合わせや購入などの行動につながりやすくなっていることが大切です。

そのために押さえておくべきポイントを8つ紹介します。

1　ユーザーが知りたい最重要キーワードを必ず使用する

自分が言いたいことではなく、ユーザーが知りたいことをキーワードにすることが大切です。自慢ではなく悩みに寄り添うこと。専門用語を羅列するのではなく、検索しそうな言葉を想像してみましょう。

2 思わずクリックしたくなる、内容に沿ったタイトルを設定する

タイトルが本文の内容に沿ったものでなければ、読み手は落胆しすぐに離脱します。そのため、記事の内容と乖離していないことが最低条件です。

加えて、思わずクリックしたくなるタイトルにすることも大切です。

そのようなタイトル設定のコツとしては次のような3原則があります。

①お得だと思わせる
②最新情報が載っている
③具体的な数字を入れる

①に関しては、記事には自分にとって有益な情報が書いてあるという期待感を持たせることです。例えば「都内でコスパ最高に利用できるサウナ7選」などは、サウナ愛好家か

らすればクリックを誘うタイトルになっています。

②については**「ユーザーは常に最新情報を求めている」**ということを意識してください。先ほどのタイトルに付け加えるなら「【〇〇年最新版！】都内でコスパ最高に利用できるサウナ7選」と付け加えるだけで、さらにクリックを誘うことができます。

③に関しては、具体的な数字を出すことで説得力が出ます。「ユーザー満足度90％超え！　都内でコスパ最高に利用できるサウナ7選」このようなイメージです。

3　「メリットとデメリット」を伝える記事にする

ユーザーは、メリットだけを伝えられても、胡散臭さを感じるものです。かと言って、デメリットばかり伝えられても、当然問い合わせにはつながりません。自社サービスをすすめる場合でも、メリットとデメリットを正直に伝えてください。「この会社は正直だな」という印象を与えると同時に、ユーザーは、自分に選択肢があると感じることができます。

4 関連する記事への内部リンクを貼る

記事を書いていると、その記事内では説明しきれない詳細な情報や、そこから発展したトピックも出てくるはずです。その際は別の記事のリンクを貼っておくのです。

内部リンクで関連した記事同士がつながっていると、ユーザーも気になった関連情報をすぐにたどることができ、サイト全体の満足度を上げることが可能です。

5 見出しのタグを使って文章を構造化する

ユーザーにとっても検索エンジンにとってもわかりやすい文章をつくる必要があります。そこで見出しタグ（＝ｈタグ）と呼ばれるタグを使って整理された文章を作成します。ワードプレスなどのブログ作成機能があるサービスでは、見出しや小見出しを文章内で選択できますが、まさにそれが見出しタグです。

見出しは、大きいものから小さいものまで存在し、一つ上の見出しの中に次に小さい見出しが含まれる形式をとり、それらは逆転することはありません。

果物の中に、りんごやみかんが含まれています。これと同様に見出し構造を作成します。

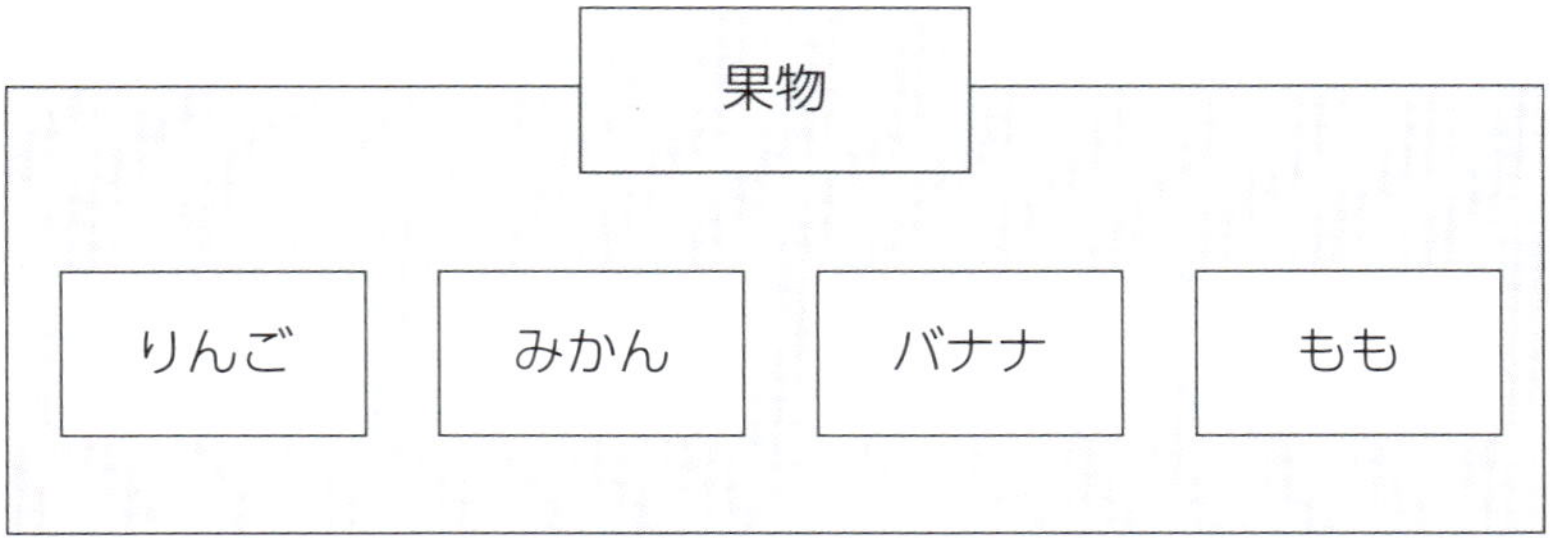

情報の論理関係や構造を整理して、見出しを設定しましょう。見出しはSEO上、非常に大切な要素なので、その点、注意してください。

6　専門家、有資格者であることをアピール

記事の分野における専門性を有する人が執筆することによって専門性・権威性・信頼性を高めることができます。ユーザーにとって有益なコンテンツをつくるうえでとても大切な取り組みです。ユーザーからよいコンテンツと思われることは、SEOにも当然有利に働きます。

ちなみに、専門性・権威性・信頼性は、YMYL領域（人の人生や健康、お金に関連するジャンルのこと）でのSEOでは、特に大切です。

ランキングに直接関連するわけではないのですが、著者の権威が明示されていることで、Googleからの評価が高くなります。

著者紹介などのコーナーを設け、学歴や経歴、実績などを、どんどん記載してください。当然ですが、新人の医師や弁護士、社員よりも経験値の多い院長や代表弁護士などが執筆したほうが、クオリティの高い記事だと評価されます。

7 CTAをしっかり設置する

CTAとはCall to Actionの略で、ユーザーに行動を起こさせるための〝仕掛け〟です。具体的にいうと、問い合わせボタンや購入ボタンです。

長い記事の場合、一番最後にだけCTAをおくのはNGです。商品に興味を持ったユーザーであっても、途中で挫折してCTAまでたどり着かないことがあります。

文章の合間合間、適切な箇所にCTAを設置することを忘れないでください。例えば後述するヒートマップツールを利用して、読了率が下がるあたりにボタンを設置したり、「○○の場合は、当社へお問い合わせください」などの文章の直下にCTAをおくといった工夫が必要です。

8　スマホに最適化する

ドイツのSISTRIX社の調査によると、日本では、全体の検索のうちモバイル検索が約75％を占めるそうです。またGoogleも２０１８年から「モバイルファーストインデックス」という概念を発表し、スマホサイトをページ評価の基準とするとしました。これはまさに、スマホ向けページを重視する姿勢の表れといえるでしょう。

つまり、ホームページをモバイル用に最適化することが必要不可欠ということです。

次項でもう少し具体的に説明します。

スマホへの最適化「レスポンシブ対応」のコツ

スマホ対応には、大きく分けて３つの方法があります。私たちのおすすめは、３番目のレスポンシブ対応です。

1　ＰＣ用とスマホ用で別々のホームページを用意する

ＰＣ用とスマホ用で別個のドメインを取って運用する方法は、正しく処理を行わなければば、重複判定を受けるリスクもあり、あまりおすすめできません。また情報を更新する際には、PC用とスマホ用それぞれで作業をしなければならないので、作業もれが発生するおそれがあり、さらに管理コストも2倍かかってしまいます。

2 同一URLで、デバイスによってホームページを出し分ける

ホームページを表示するデバイスがPCかスマホのどちらなのかを自動的に感知して、それぞれに最適化されたホームページを出し分ける方法で、「ダイナミックサービング」と呼ばれています。

ユーザー視点では、「○○.co.jp」のような一つのURLをクリックすれば自動的に最適化されたホームページが表示されるのでストレスを感じることはありませんが、運用する側からすればPCとスマホで別々のホームページを用意しなければならないので、1と同様の管理コスト、リスクがあります。

3 ホームページをレスポンシブ対応にする

一つのホームページを、自動的にPC、スマホに最適化したデザインで表示する仕組み

です。別個のファイルをつくる必要がないので管理コストを抑えられます。また、Googleも推奨しています。

注意点としては、ホームページをデザインをするときにはスマホ表示を優先したデザインにすることが重要です。

「モバイルファースト」を掲げるGoogleは、ホームページを評価する際も、モバイル向け、つまりスマホ向けのページを評価対象にしています。そのため、スマホの画面表示が内容、デザインともにユーザーにとって利便性が高いものになっている必要があるのです。

読者ニーズに合ったMECEな構成

「MECE（ミーシー）」

という言葉を聞いたことがあるでしょうか？

これは「Mutually Exclusive and Collectively Exhaustive」の頭文字をとった言葉で「モレなく・ダブりなく」という意味です。ここでいう「MECEな構成」とは「ユーザーが必要としている情報を、もれなく、ダブりなく提供できる構成」という意味です。

コンテンツSEOの記事においては、ユーザーの課題解決のために「必要な情報をMECEに整理して提供する」ことが重要です。

例えば、ASEAN（東南アジア諸国連合）に加盟する国を知りたいと思い「ASEAN　加盟国　どこ」という検索をした場合に、次の4つのうちユーザーが満足できるコンテンツはどれでしょうか。

①「ブルネイ、カンボジア、インドネシア、ラオス、マレーシア、ミャンマー、フィリピン、シンガポール、タイ、ベトナム」と**すべての国を記載するパターン**

②「インドネシア、マレーシア、フィリピン、シンガポール、タイを始まりとし現在は10カ国が加盟中」と**中途半端に説明するパターン**

③「ブルネイ、カンボジア、インドネシア、ラオス、マレーシア、ミャンマー、フィリピン、シンガポール、タイ、ベトナム、東ティモール」と**誤った情報が含まれているパターン**

④「ブルネイ、カンボジア、インドネシア、ラオス、マレーシア、ミャンマー、フィリピン、シンガポール、タイ、ベトナム、スマトラ島」という形で、インドネシアの地域名を並列関係に含めてしまっているダブりがあるパターン

当然、満足度が高い記事は①です。

「そんなの当たり前だろう」と思うかもしれませんが、さまざまな記事でＭＥＣＥに情報を提供することは、実は結構難しいものです。

自社アンケートを情報源にするときの注意点

根拠のある記事を書くために、信頼性の高い官公庁や地方自治体などの公的機関が公開している情報をソースとすることは大切です。しかし、記事に親和性の高い情報が見つからないこともあります。そんなときは、自社で実施したユーザーアンケートのデータを活用するというのも一つの方法です。

自社アンケートも、サンプル数が十分である、母集団に偏りがないなどの条件がそろっ

ていれば、信頼性の高い立派な一次情報になります。

例えば、歯科医院なら、来院患者に「1日に歯磨きを何回しているのか」を聞いて、その結果をもとに記事を書く場合、歯科医院に通っている人たちが母集団になるため若干の偏りはありそうですが、示唆に富んだ面白いデータがとれるかもしれません。

一方、インプラントをメインに取り組んでいる歯科医院が、来院患者に対して「インプラント、ブリッジ、入れ歯のうち、やってみたい治療はどれですか?」というアンケートをしたら、インプラントが圧倒的な1位になることは当然です。

これは、アンケート母集団に偏りが発生しているということであり、その結果をもって「抜歯後の治療で悩む患者が求めているのはダントツでインプラント!」という記事をつくるのは、やはり無理があります。

記事作成に使用する情報やデータを取るためのアンケートには、客観性・中立性が必須です。

「継続」のカギは「省力化」

わからないこと、できないことは人に頼る

日本を代表する家電メーカー、パナソニックの創業者である松下幸之助氏は、「自分が成功したのは、学校を出ていないために学問的な知識などがなく、知らないことばかりの状態であったときに、いろいろな人に教えを乞うたからである」という趣旨のことを話しています。

わからないことは人に聞く、任せる――。

よく知らないこと、理解できないことについて、自分でウンウンうなってがんばるよりも、はるかに効率よく物事が進みます。

SEO担当者の悩みごとで多いのは、「がんばっても効果が出ない」です。そのために、

自信を失ったり、会社での評価が下がることが心配になったりします。このようなときは、「自分のがんばり度合を下げる」ことが大切です。

誤解しないでいただきたいのですが、人に頼るというのは、「人任せにして適当な記事を書けばいい」ということではありません。テクノロジーやツール、社内のリソースを上手に活用するという意味です。

何から何まで、時間をかけて自分でやる必要はありません。

それよりも、頼るべきときには頼り、使えるものは何でも使い、結果を出すことに注力することで時間も労力も節約でき、しかも反応がいいコンテンツがつくれるようになります。ＡＩ活用も手段の一つです。

生成ＡＩの活用は「質問文（プロンプト）」がすべて

大公開！　良質な記事を生成するプロンプトはこれだ！

生成ＡＩを記事作成に利用する際、「プロンプト」という生成ＡＩに対する質問や命令の仕方はとても重要です。

生成ＡＩはあくまでもＡＩなので、人間のように「空気を読む」ことはできません。そのため的確な聞き方をしないと、的確な回答をもらえません。

You
#命令文
「ダイエット(KW)」の検索キーワードのSEO記事を作成します。「ダイエット」で検索する人のペルソナを考えてください。また、以下の「ペルソナの項目」を教えてください。

【ペルソナの項目】
・名前
・年齢
・性別
・世帯規模
・所得
・職業
・関心事
・悩み
・顕在ニーズ
・潜在ニーズ
・記事を読み終えた後のゴール

また、下記条件を考慮してください。

#条件
・SEO記事を公開するサイトは「女性誌のメディア」であることを想定すること

記事を作成するときには、次のような段階をふみます。

1　キーワードをもとにペルソナを設定
2　ペルソナをもとに構成を設定
3　構成をもとに文章を設定

それぞれの項目を生成ＡＩに命令すると、精度の高い返答が戻ってくるので、それを記事制作に活用するのです。

例えば、「ダイエット」に関する記事を書くためのペルソナの設定をしたい場合、生成ＡＩに上記のような命令を出します。ここではChatGPTを例に進めます。

ChatGPT

【ペルソナの項目】

- **名前:** 佐藤みなみ
- **年齢:** 33歳
- **性別:** 女性
- **世帯規模:** 2人（夫との2人暮らし）
- **所得:** 中間層
- **職業:** フリーランスのイラストレーター
- **関心事:** 美容と健康、クリエイティブな仕事、趣味のイラスト制作
- **悩み:** 不規則な生活での食事コントロール、ストレスからくる過食傾向
- **顕在ニーズ:** 簡単で美味しいダイエットレシピ、ストレス解消法、自宅でできるエクササイズ
- **潜在ニーズ:** 美容に関する最新情報、仕事と健康の両立術、心と体のバランスを整える方法
- **記事を読み終えた後のゴール:** 健康的な食事習慣の確立と、自分に合ったクリエイティブなストレス発散法の見つけること

【条件】

- SEO記事を公開するサイトは「女性誌のメディア」。
  - クリエイティブな仕事に従事する女性向けに、美容や健康、ライフスタイルに関する情報を提供している女性誌のメディア。

すると、次のような回答が得られました。

ペルソナの属性に関する詳細な質問を含めることで、より具体的な「ペルソナ設定」のヒントを一瞬で得ることができます。

日ごろから現場でお客様と接点を持っていて、明確に1人の人物を想定できるような場合は、自分で設定してもよいです。

足りない部分の深掘りを生成ＡＩに手伝ってもらうという使い方もできるでしょう。

次に、「ペルソナの悩み」「顕在ニーズ」「潜在ニーズ」「記事を読み終えた後のゴール」についてさらに詳しく聞いてみましょう。本書の84～85ページを参照してください。

次に、ペルソナの詳細をふまえたうえで、記事の構成について命令を出します。86ページを参照してください。h1は記事のタイトル・h2は小見出しを指します。

次に、記事の文例を書かせてみます。87ページを参照してください。

さらに生成ＡＩは、タイトルも考えてくれます。

88ページを参照してください。

You
#命令文
「悩み」についてさらに詳しく教えてください。ユーザーが悩んでいることを数字の番号をつけて箇条書きで書いてください。

ChatGPT

1. **不規則な生活スタイル:** 佐藤みなみはフリーランスのイラストレーターとして働いており、仕事の忙しさやデッドラインによって生活リズムが不規則になっています。
2. **食事の制御の難しさ:** 忙しい仕事の合間に食事をとることが難しく、外食や加工食品に頼ることが増え、健康的な食事の摂取が難しい状況です。
3. **ストレスからくる過食傾向:** 仕事のストレスやデッドラインに追われる中で、ストレス解消の手段として食べることに頼ることがあり、それが過食の原因となっています。

You
#命令文
「顕在ニーズ」についてさらに詳しく教えてください。ユーザーが知りたいことを数字の番号をつけて箇条書きで書いてください。

ChatGPT

1. **簡単で美味しいダイエットレシピの提案:** 佐藤みなみは手軽で簡単に作れる美味しいダイエットレシピを求めており、食事制限を気にせず楽しく食べられるアイディアが欲しいです。
2. **ストレス解消法の提案:** 佐藤みなみはストレスからくる過食傾向があります。ストレス解消法やリラックスの仕方についての情報が必要です。
3. **自宅でできるエクササイズのアドバイス:** 不規則な生活スタイルの中で、外での運動が難しいため、自宅でできる簡単なエクササイズやストレッチのアドバイスが欲しいです。

You
#命令文
「潜在ニーズ」についてさらに詳しく教えてください。ユーザーが知りたいことを数字の番号をつけて箇条書きで書いてください。

ChatGPT
1. **栄養素や食材の効果的な組み合わせ:** 佐藤みなみはダイエット中でも美味しさを損ないたくないため、栄養素や食材の効果的な組み合わせについての情報が欲しいです。
2. **仕事と健康の両立:** フリーランスの仕事は不規則な時間が多いため、仕事と健康を両立させる方法や、クリエイティブな仕事を続けながら健康を維持するためのヒントが求められています。
3. **心と体のバランスを整える方法:** ストレスの多い仕事に携わる中で、心と体のバランスを取る方法や心の健康に良いアクティビティについてのアドバイスが欲しいです。

You
#命令文
「記事を読み終えた後のゴール」ついてさらに詳しく教えてください。ユーザーが求めることを数字の番号をつけて箇条書きで書いてください。

ChatGPT
1. **健康的な生活習慣の獲得:** 佐藤みなみは記事を通じて、健康的な食事習慣や生活習慣を身につけ、継続することをゴールとしています。
2. **自分に合った継続可能なダイエット方法の見つけること:** 記事を読み終えた後、佐藤みなみは自分のライフスタイルや好みに合ったダイエット方法を見つけ、それを継続的に実践できるようになりたいです。

You
#命令文
「ダイエットレシピ」の検索KWでペルソナの悩みや顕在ニーズや潜在ニーズを解決できる記事構成を考えてください。

#条件
・論理構造を意識して作成すること
・h1とh2とh3の見出しを出力すること
・最後に「まとめ」をh2とすること
・検索ニーズを網羅する構成をつくること
・下記のペルソナを想定すること

#ペルソナ
上記で出力した「佐藤みなみ(名前)」のペルソナを参考にしてください。

ChatGPT
「ダイエットレシピ」の検索KWに対する記事構成

1. はじめに

- h1: ダイエットレシピとは？美味しく食べながら健康的に痩せるためのコツ
- イントロダクションとして、ダイエット中の食事の重要性とペルソナ「佐藤みなみ」の悩みを紹介。

2. ペルソナの悩みと顕在ニーズ

- h2: 佐藤みなみのダイエットレシピに対する悩みと顕在ニーズ
- 不規則な生活での食事制御の難しさやストレスからくる過食傾向、美味しくてヘルシーな食事の欲求を考慮。

3. 1か月のダイエットプランの基本

- h2: 1か月での痩せるための基本戦略
- ペルソナのライフスタイルに合わせ、短期間での健康的なダイエットのアプローチを解説。

4. 佐藤みなみのための簡単ダイエットレシピ集

- h2: 佐藤みなみのライフスタイルに合った具体的なレシピ
- 佐藤みなみが手軽に作れて美味しいダイエットレシピを提供。
- h3: 15分で作れるランチレシピ、忙しい日の夕食レシピなど

5. 旬の食材を活かしたダイエットメニュー

- h2: 季節ごとの美味しいダイエットレシピ
- 旬の食材を活かしたメニューアイディアや、その時期におすすめの食材を紹介。

6. ペルソナの潜在ニーズに応える情報

- h2: 佐藤みなみの潜在ニーズへのアプローチ
- ダイエット中に欠かせない栄養素や、特定の食材に関する情報を提供。

7. まとめ

- h2: 1か月で痩せるためのキーポイント
- ダイエットプランの要点や成功へのアプローチをまとめ、佐藤みなみが目指す健康的な生活への一歩を強調。

You
#命令文
・見出し
美味しく食べて痩せる！飽きないダイエットレシピ5選
上記の見出しについて「結論」「理由」「具体例」の順で栄養士の目線で論理的な文章を書いてください。

#条件
・「です」「ます」調で書いてください。
・箇条書きは使用しないでください。
・指示語は使用しないでください。

ChatGPT
結論

美味しく食べて痩せることは、栄養士の視点からも有益です。バランスの取れた食事を楽しむことで、健康的なダイエットが実現し、持続可能な食習慣が身につきます。

理由

まず第一に、美味しさを重視した食事は、患者が食事療法に協力する上で非常に有益です。食べることは生活の楽しみの一部であり、美味しさを追求することで食事制限のストレスを減少させ、ダイエットのモチベーションを維持しやすくなります。

さらに、バラエティ豊かな美味しい食事は、栄養の摂取源が多様化し、必要な栄養素をカバーしやすくなります。これが健康的な体重減少に繋がり、また栄養バランスが取れた食事は健康状態の維持や免疫力の向上に寄与します。

具体例

例えば、野菜や果物を活用した彩り豊かなサラダや、ヘルシーなスムージー、低カロリーで満足感のある具材を使用したサンドイッチなどが挙げられます。これらの美味しさを重視したダイエットレシピは、食事の楽しさを損なわずに、健康的な食習慣の構築をサポートします。

また、新しい食材や調理法を取り入れることで、患者は食事の幅を広げ、同時に栄養バランスを保つことができます。これにより、単調になりがちなダイエット食から解放され、健康的で持続可能な食事療法が実現します。

総じて、美味しく食べることはダイエットにおいてだけでなく、栄養面でもプラスの影響をもたらす要素と言えます。

You

#命令文
今まで出力した文章を参考にして、ユーザーが記事を読みたくなるようなタイトルを5つ考えてください。

#含める単語
KW1　ダイエットレシピ
KW2　短期間
KW3　手軽

ChatGPT

1. **「美味しさ満点！手軽な短期間ダイエットレシピ」**
2. **「忙しい日でも大丈夫！手軽さと美味しさが共存する短期間ダイエットレシピ」**
3. **「手軽に始める美味しい短期間ダイエットレシピ集」**
4. **「楽しく続けられる！手軽で美味しい短期間ダイエットレシピのすべて」**
5. **「手軽さと効果を実感！短期間で結果を出すダイエットレシピの魅力」**

You

今まで出力した文章を参考にして、「美味しさ満点！手軽な短期間ダイエットレシピ」というタイトルの記事で、ユーザーが記事の内容を読みたくなるようなリード文を書いてください。

ChatGPT

美味しさ満点！手軽な短期間ダイエットレシピ

ダイエット中でも美味しさを求める方に捧げる、手軽で短期間で実践できるダイエットレシピの世界へようこそ！日々の忙しさやストレスから解放され、美味しい食事を楽しむことで理想の体重に一歩近づける方法をご紹介します。手軽さと美味しさが共存するこの特別なダイエットレシピ集で、新しい食生活の扉を開きましょう。忙しい日々でも心と体に優しい美味しいレシピがきっと見つかります。健康を大切にしながら、楽しく続けられるダイエットの第一歩を踏み出しましょう！

記事作成においてAIが役立つことがおわかりいただけたのではないでしょうか。

ただし生成AIは、間違った情報を正しい情報のように書く場合もあります。一見して素晴らしい原稿であっても、必ず業界のことを知っている方がチェックし、さらに自分たちの独自性を組み込んで仕上げてください。

またプロンプトは一つだけではありません。本書で紹介しているプロンプトは参考例なので、より的確な回答を得られるプロンプトもあるでしょう。コツは質問文を抽象的なものにせず、「細かく、具体的に」聞くことです。

プロンプトの作成は、試行錯誤の連続です。

まずは本書のプロンプトを参考にして、慣れてきたらさらに自分の希望の回答が得られるようなプロンプトを考え、生成AIを心強いパートナーにしてください。

ヒット記事を臆せず「リライト」すべき理由

「成果が出てきた」と感じたらするべきこと

コンテンツSEOに取り組み始めて数ヵ月が経過すると、次第に効果があらわれ、過去の記事も上位表示されるようになってきます。

SEO担当者が「苦労が報われた……」と感じる瞬間です。

これで記事制作にも前向きに取り組んでいけそうですが、実は他にもするべきことがあります。人気が出て、上位表示されるようになった記事の情報を見直すのです。

「せっかく上位表示されているんだから、見直す必要なんてないんじゃないの？　下手に手を入れたら、かえって順位が落ちそうな気がするんだけど……」

そう感じる方も当然いると思います。「見直し」といっても、基本的には文章全体を書き直すということではありません。古くなった情報をアップデートして、定期的にメンテナンスするイメージです。

結果的に、記事全体を調整することもありますが、目的はあくまでも情報のアップデートです。

古い情報のままで記事を放置しておくと、ユーザーに情報が古くて当てにならないと、悪い印象を与えてしまいます。検索上位になり、より多くのユーザーから閲覧されるようになったら、なおさら注意するべきです。

また、人気記事であってもメンテナンスしなければ順位は徐々に下がっていきます。せっかく定期的な問い合わせを獲得できていたとしても、順位が下がり、クリックされなければ、宝の持ち腐れです。

ぜひ、順位が下がってきて問い合わせも減ってきていると感じたら、臆せずリライトしてみましょう。

必須アップデート情報3選

具体的にアップデートするべき情報には、次のようなものがあります。

・事例

古い事例ばかり並んでいると、ユーザーから「この会社、最近はあまり仕事をしていないのかな」と思われ、印象はよくありません。

日々業務をしていれば、事例はどんどん増えていくはずです。2年くらい前の事例が最新記事として掲載されていたりすると、ユーザーからすれば「もっと新しい事例はないのかな?」という気持ちになるでしょう。

・法令の改正などがあった場合

法改正などがあった場合には、迅速に対応するべきです。

例えば、民法に「遺留分減殺請求」という項目がありました。

これは現在では「遺留分侵害額請求」という名称に変わり、「遺留分減殺請求」とは内容も若干異なるものになっています。

新しい記事では対応していても、古い記事をそのままにしていたら、検索順位が下がるだけでなく、ユーザーにも一昔前のサイトと思われてしまいます。

また、古いままの情報を鵜呑みにしたユーザーが、実際に損をしてしまった場合には、ユーザーからの信頼も大きく損ねることになるでしょう。

・古い情報に基づいた記事が残っている場合

デジタル関連のような、変化の激しい業界の場合には特に注意するべきことです。

例えばウェブマーケティングの場合、新しいツールやサービスがそれこそ月単位で登場したり、機能追加されるといったことが頻繁にあります。

そのため、半年前に紹介したツールが最新版にバージョンアップしてさらに機能が充実した場合には、当然、記事の内容もそれに対応して更新する必要があります。

セールスシートを再活用したコンテンツ制作

書く材料に詰まったときにはセールスシートに頼る

多くの会社で、ユーザーからの問い合わせに対応するため、提供するサービスやそれに関連する情報をまとめたセールスシートを作成していると思います。

実はこのセールスシートは、記事の材料の宝庫です。

記事制作で、自社の特徴や強みがわからない、うまく表現できないということになった場合には、ぜひセールスシートを確認してみてください。


セールスシートの目的は「顧客の課題を、自社のサービスなら解決できる」ということをユーザーに伝えることであり、これはまさに、コンテンツSEOで記事にするべきテーマと同じです。「課題解決のヒント」「自社の強み」「自社サービスと他社の比較」「成功パターン」など、記事のアイディアが次々とわいてくるでしょう。

セールスシートだけじゃない！「自社の強み」はこう探す

弊社の場合、大きく分けて「お役立ち情報」と「サービス・実績資料」といった形で、ホワイトペーパーとセールスシートの2種類の資料を用意しています。

「お役立ち情報、ホワイトペーパー」は、自分たちがSEOを進めるうえでチェックしている項目リストや、Web広告で成果を改善するための重要なポイントといったノウハウです。

一方「サービス・実績資料、セールスシート」は、具体的な事例を通じて、サービスや実績を紹介するものです。

これらをネタにしてユーザーのニーズに合う記事構成になるようブラッシュアップすることで、次のような記事を作成することができます。

「担当者必見！　効果の出るSEOのためのチェック項目10」
「Web広告で成果が出ない理由」
「SEO対策で集客200％増の事例ベスト5を大公開！」

セールスシートやホワイトペーパーがない会社であっても、社員教育用の資料をネタ元にすることもできます。

人材募集の際の会社案内、株式を公開している企業であれば、アナリスト向けのプレゼン資料、融資を受けるための事業計画書などを見れば、ホワイトペーパーのように直接的な材料にはつながらないものの、記事を考える際のヒントにはなるのではないでしょうか。

「書くことがない」「自社の強みがわからない」など行き詰まったら、ホワイトペーパーをはじめとする社内のリソースを探ってみることをおすすめします。

リアル店舗ならMEO対策でダイレクト集客できる

MEOが持つ驚異の集客力！

皆さんは〝MEO（Map Engine Optimization）〟という言葉をご存じでしょうか？

実は正式には〝ローカルSEO〟と呼ばれるものですが、一言で言えばGoogleマップ上で上位表示されるための対策です。


わからない方は、Googleマップで、「最寄りの駅名＋歯医者」で検索をしてみてください。

すると、通常の検索結果よりも上位にある「場所」というエリアに、歯医者が数件、そしてその歯科医院の場所がマップ表示されているはずです。

このマップ表示で上位にくるようにするのが、MEO対策です。


MEOは、歯科医院やカフェ、美容院、法律事務所など、リアルに店舗や事務所を構えている方に非常に効果的な施策です。

弊社のお客様の歯科医院は、電話による問い合わせの数を見てみると、検索上位、すなわちSEO経由が数十件であるのに対し、マップ、つまりMEO経由が約200件という数になっています。

MEOが有利なのは、利用者の口コミを見ることができたり、現在地から近い場所を選べたり、さらにスマホであればそのまま電話をかけることができるなど、いろいろな点でユーザーフレンドリーであることがあげられます。

SEOとMEOで相乗効果を生む方法

「ウチの店はSEOよりもMEOに力を入れたほうがよさそうだな」と思った方もいるでしょう。

そのような方におすすめなのが、SEOとMEOで相乗効果を狙う方法です。

MEO もSEO 同様にGoogleがアルゴリズムによって表示順を決定しています。Googleが公表している、掲載順位を改善する方法としては、Google ビジネスプロフィールでビジネス情報を更新すること、写真や説明文などの内容を充実化し魅力的なものにすること。情報を正確に保つこと、口コミに対して返信を行うことなどがあります。

具体的には、何か催し物やイベントがあったり臨時のお休みがあった場合に情報を更新するなども大切です。マップを使うユーザーがほしがりそうな情報をアップしましょう。

加えて「最新の情報を追加」という項目を利用して、記事のリンクを掲載すれば、マップ上の情報も新しいものになり、またMEOの検索結果を閲覧しているユーザーがリンク先の記事を読むための導線にもなり、一石二鳥になります。

MEOとSEOのダブル検索戦略で、リアル店舗の集客力は確実に高まります。ぜひ積極的に取り組んでみてください。

ユーザーをコンバージョンに導く3つのコツ

記事だけじゃない！　ユーザーファーストのホームページづくりが肝心

ホームページで問い合わせや購入を増やすために最も重要なことは、ユーザーにとって価値のある良質な情報を提供することです。

本書でもそれを軸足において、検索順位が上がりユーザーにとっても有益な記事のつくり方を説明していますが、その記事の効果を高め、さらにコンバージョンにつなげるための３つのテクニックがあります。

これらのテクニックは、ユーザーファーストの考えを実践したものであり、しかも簡単にできます。

1 検索しているユーザーになりきって記事を読んでみる

上位表示を勝ち得た記事には、たくさんのユーザーが流入してきます。

Googleサーチコンソールを使えば、どのようなキーワードでユーザーが流入してきたのかわかります。

そこで大切なのが、そのキーワードで検索した人が、どのような気持ちで自分たちの記事を読んでくれたのかを想像することです。

ただの情報提供で終わっていないか?

自分たちがユーザーの課題を解決できることをアピールし忘れていないか?

ユーザーに新たな気づきを与えられているか?

などの視線で記事を読み返してみましょう。

すると、適切な記事の表現や、適切な関連記事へのリンク、CTAの設置箇所が見えてくるでしょう。

とにかく徹底してユーザーの立場にたってみること、これが大前提として重要です。

2　コンバージョン獲得のためのページに誘導する

コンバージョンを増やすには、コンバージョン率（ＣＶＲ）が高いページに誘導するという考え方も有効です。

上位表示しやすいキーワードで記事を書き、その記事から商品・サービスページのようなコンバージョン獲得のためのページに誘導するのです。

こうすることで、記事に興味があって訪問したユーザーを、スムーズに問い合わせやリード獲得につなげることができます。

ユーザーにしてほしい行動を戦略的に思い描き、読み物記事とコンバージョンを狙う記事など役割を、うまく使い分けていくと、より問い合わせを獲得できるホームページになります。

3　ＣＴＡを設置する

前述の通り、問い合わせページにつながるボタンなどのＣＴＡを適切に設置します。

いずれの方法も、ホームページ作成業者に依頼すれば、それほど難しいことではありません。アクセスしてきたユーザーをしっかりコンバージョンにつなげるためにも、ぜひ実施してください。

「上位10記事」には「神記事」制作のヒントが満載

3STEPで上位記事を分析する

「学ぶ」の語源は「(優れたものの)真似をする=まねぶ」だということはよく知られていますが、記事の制作もそれと同じです。

Googleからの評価が高く、またユーザーにも読まれている上位記事の構成や内容を分析し、どのような内容が評価されているのかを学ぶことは、非常に大切な記事作成のプロセスの一つです。ただし、単に上位の競合記事を真似ただけでは、何の価値も生み出さないどころか、むしろマイナスであることは、前述の通りです。

目指すべきはユーザーの役に立つ独自のコンテンツです。

そこで弊社では、記事作成を進めるにあたっては、オリジナルの「競合サイトリサーチシート」を使って上位10記事の構成を分析し、その結果をもとに、記事の作成にとりかかるようにしています。

これはユーザーファーストな記事をつくるために非常に有効なので、具体的な方法をご紹介します。

競合に勝つ〝神分析〟の方法

STEP1　ブラウザを「シークレットモード」にして検索をかける

ブラウザに履歴が残っているとその影響を受け、正確な検索順位がわからない場合があります。「シークレットモード」を利用すれば、純粋な検索結果上位10位までのページを調べることができます。

STEP2　ツールを使い、上位表示されたページの見出し構造を調べる

STEP1でわかった、上位10位までのページの見出し構成を調べます。具体的な作業としては、まずそれぞれのページについて、書籍の章見出しにあたるh2タグと小見出しにあたるh3タグを抜き出します。そして、それぞれにどのような項目があるのか、またどのような順番で書かれているのかを確認します。

なお、見出しタグ（hタグ）の抜き出しに使用するツールは、「SEO META in 1Click」がおすすめです。Google Chromeなどの拡張機能としてインストールしておくと、表示されている記事の構造をワンクリックで調べることができます。

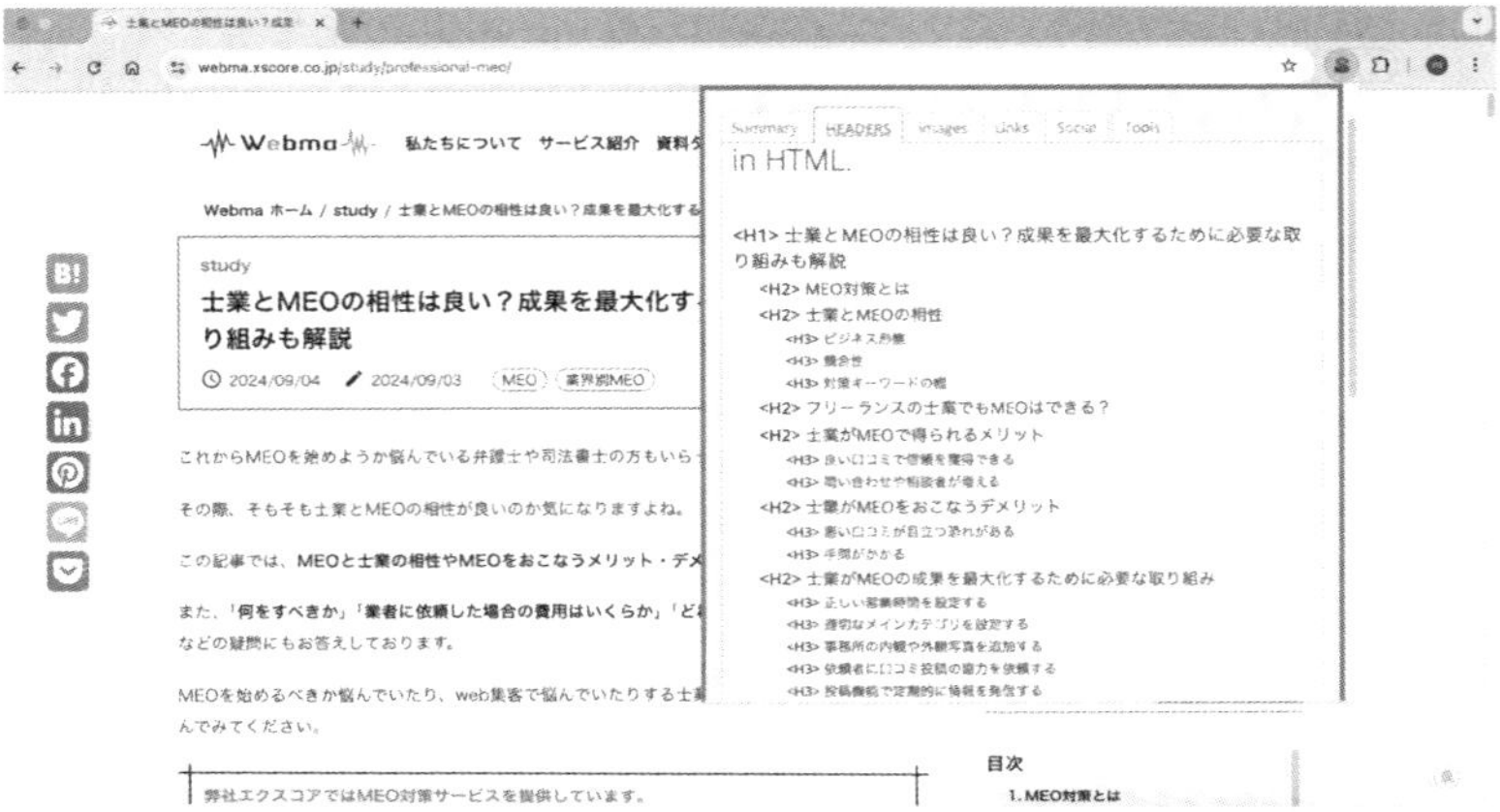
士業とMEOの相性は良い？成果
webma.xscore.co.jp/study/professional-meo/
Webma
私たちについて　サービス紹介
Webma ホーム / study / 士業とMEOの相性は良い？成果を最大化する
study
士業とMEOの相性は良い？成果を最大化す
り組みも解説
2024/09/04　2024/09/03　MEO　業界別MEO
これからMEOを始めようか悩んでいる弁護士や司法書士の方もいら
その際、そもそも士業とMEOの相性が良いのか気になりますよね。
この記事では、MEOと士業の相性やMEOをおこなうメリット・デメ
また、「何をすべきか」「業者に依頼した場合の費用はいくらか」
などの疑問にもお答えしております。
MEOを始めるべきか悩んでいたり、web集客で悩んでいたりする士業
んでみてください。
弊社エクスコアではMEO対策サービスを提供しています。
目次
1. MEO対策とは
Summary　HEADERS　Images　Links　Social　Tools
in HTML.
<H1> 士業とMEOの相性は良い？成果を最大化するために必要な取り組みも解説
<H2> MEO対策とは
<H2> 士業とMEOの相性
<H3> ビジネス形態
<H3> 競合性
<H3> 対策キーワードの幅
<H2> フリーランスの士業でもMEOはできる？
<H2> 士業がMEOで得られるメリット
<H3> 良い口コミで信頼を獲得できる
<H3> 問い合わせや相談者が増える
<H2> 士業がMEOをおこなうデメリット
<H3> 悪い口コミが目立つ恐れがある
<H3> 手間がかかる
<H2> 士業がMEOの成果を最大化するために必要な取り組み
<H3> 正しい営業時間を設定する
<H3> 適切なメインカテゴリを設定する
<H3> 事務所の内観や外観写真を追加する
<H3> 依頼者に口コミ投稿の協力を依頼する
<H3> 投稿機能で定期的に情報を発信する

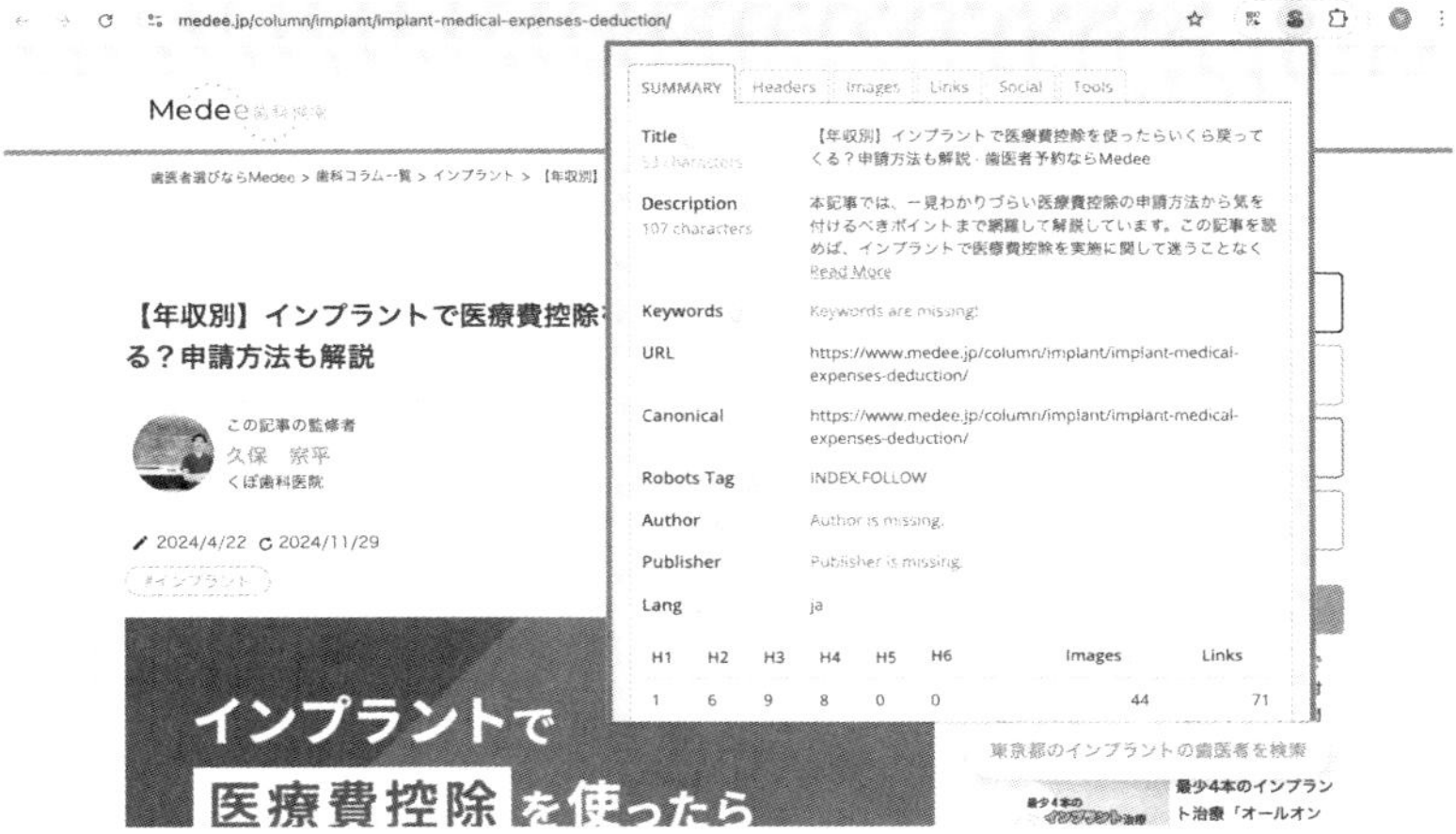
medee.jp/column/implant/implant-medical-expenses-deduction/
Medee
歯医者選びならMedee > 歯科コラム一覧 > インプラント > 【年収別】
【年収別】インプラントで医療費控除
る？申請方法も解説
この記事の監修者
久保　察平
くぼ歯科医院
2024/4/22　2024/11/29
インプラントで
医療費控除を使ったら
東京都のインプラントの歯医者を検索
最少4本のインプラント治療「オールオン
SUMMARY　Headers　Images　Links　Social　Tools
Title
【年収別】インプラントで医療費控除を使ったらいくら戻ってくる？申請方法も解説・歯医者予約ならMedee
Description
107 characters
本記事では、一見わかりづらい医療費控除の申請方法から気を付けるべきポイントまで網羅して解説しています。この記事を読めば、インプラントで医療費控除を実施に関して迷うことなく
Read More
Keywords
Keywords are missing!
URL
https://www.medee.jp/column/implant/implant-medical-expenses-deduction/
Canonical
https://www.medee.jp/column/implant/implant-medical-expenses-deduction/
Robots Tag
INDEX,FOLLOW
Author
Author is missing.
Publisher
Publisher is missing.
Lang
ja
H1　H2　H3　H4　H5　H6　Images　Links
1　6　9　8　0　0　44　71

STEP3　上位10記事を精査し、自社の記事に盛り込むべき内容を検討する

上位記事に共通して書かれている内容は、現在のGoogle検索において、ユーザーのニーズが相対的に高いものと仮定できるので、自社記事の制作においても大変参考になります。

また、項目の内容だけでなく、並び順にも注意してください。内容的には同じ項目であっても、並び順によって、ユーザーの受ける印象が大きく違う場合もあります。

例えば、「●●●● デメリット」と検索をかけたユーザー向けに記事を書く場合は、「デメリット」のセクションをなるべく前に持ってくるほうがユーザーに親切です。検索意図を早めに満たすことで、ユーザーの満足度が上がります。

ペルソナ設定「5つのコツ」

SEO対策ならではのペルソナ設定

コンテンツSEOの場合には、通常とは異なる視点でペルソナを設定する必要があります。

会社で提供している商品・サービスのペルソナと、記事ごとのペルソナが異なる場合があり、そのため、記事ごとにずれが生じることもあります。結論としては、自社サービスのペルソナにこだわりすぎず、検索意図（ユーザーが検索した目的や背景）から逆算して考えるのがよいでしょう。

1　「検索しているシチュエーション」を重視する

「ユーザーの検索理由」にもつながる部分ですが、ユーザーはどのような状況で検索をしているのかを詳細にイメージすることが重要です。「誰（どんな人）が調べているのか」

「いつ調べているのか」「どこで調べているのか」「何をどうしたいのか」「なぜ調べているのか」。この5つの問いを利用して、イメージを明確化しましょう。

「入れ歯 合わない」という検索は、ただのお悩み検索ですが、今使用している入れ歯に不満がある、つまりインプラントの潜在顧客である可能性があります。

まずシチュエーションを考慮すれば、入れ歯をしている方がインプラントを知らないことはないはずです。つまりインプラントは「認知」しているものの、「興味関心」がなかった方がペルソナになります。

ただ「入れ歯に対する不満が顕在化」した今の状況であれば「インプラントのよさ」を再認知し、今後「興味関心」のフェーズに移るかもしれません。

このように、どのフェーズにいるペルソナなのかを設計することで、訴求力を高めた記事を書くことができます。

2 コンバージョンに近いユーザーをイメージする

記事制作の目的は、コンバージョンの獲得です。目的達成を第一に考えれば、コンバージョンから遠いユーザーよりも、コンバージョンに近いユーザーをイメージしてペルソナを設定したほうがよいでしょう。

「抜歯の必要があり、インプラントとは何かを調べ始めたユーザー」よりも「インプラントをするために歯科医院選びを始めたユーザー」のほうが、コンバージョンに近いです。最小限の努力でリターンを求めるのであれば、「コンバージョンとの距離」という視点を持って、ペルソナ設定を進めるとよいでしょう。

しかし、コンバージョンに近いユーザーだけをペルソナに設定していては、短期間での成果は出せたとしても、顧客層を広げるのは難しくなります。

今はコンバージョンから遠いユーザーであっても、いずれ顧客になる可能性はあります。ですから中長期的には、さまざまなユーザーに合った記事を、余すことなく作成していくといいでしょう。それによって、記事制作の成果を最大化できます。

3　実際のお客さんにインタビューをする

実際の顧客は、一連のプロセスを経て自社の商品・サービスにアプローチしてくれた方であり、その意味では最も示唆に富んだ気づきを与えてくれます。

ですから、可能な限り顧客にインタビューをして、現実味のあるペルソナを作成することが大切です。

「どのようにして自社を知ったのか？」「なぜ興味を持ったのか？」「どんな課題を解決したかったのか？」「なぜ自社を最終的に選んだのか？　決め手は何か？」このような質問を投げかけてみましょう。

よくあるのは、イメージだけで自社にとって都合のよいペルソナをつくってしまい、実際の顧客とかけ離れた人物像になってしまうことです。

現実に悩みを抱えている顧客を深掘りすることでペルソナの解像度が上がり、具体的な施策やコンテンツのアイディアがわいてくるでしょう。

SEOは「タイトル」が9割

検索ワードをタイトルに盛り込む2つのメリット

「コンテンツSEOは『タイトル』が9割」と言っても過言ではありません。本を選ぶ際も、人は書籍のタイトルを見て0・5秒の間に、自分にとって有益な本かどうか判断するといいます。つまり、いま本書を読んでくださっている皆さんは、0・5秒の間に「この本は自分の役に立ちそうだな」と判断してくださったのだろうと思います。

同じように、検索結果上で、ユーザーがサイトをクリックするかしないか悩んでいる場合も、ユーザーの脳内では同様の判断が行われています。

では、ユーザーが読みたくなるタイトルにするためには、何が必要なのでしょうか。

まず、取り組んでほしいのは**「検索キーワードを含めたタイトルにする」**ということです。これによって、該当のキーワードで検索したユーザーに「自分のほしい情報がありそう」だと感じてもらいやすくなります。

さらに、記事のタイトルは、Googleが記事とキーワードの関連性を判断する際の要素の一つでもあります。そのため、検索ユーザーに対してだけでなく、Googleに対しても記事のテーマを明確に伝えることができるのです。

現在のGoogleは、ひと昔前までとは異なり、タイトルにキーワードが含まれていない場合にもユーザーの検索意図を汲み取って、適切なページを検索結果に表示できるようになりました。

とはいえ、記事の作成経験が少ない方にとっては、タイトルにキーワードを含めておくのが、最も簡単に検索意図に則したタイトルを作成する方法です。

またタイトルは、30文字前後におさめるのが理想的です。理由はタイトルの長さが30文字を超えると、ＰＣ検索の場合は検索結果画面上で後半部分が省略されることが多いからです。

スマホ検索だとより多くの文字数が表示されますし、検索キーワード自体が長い場合もあるので、「タイトルは30文字」というのは絶対的な条件ではありません。

しかし、タイトルがあまりに長いと全部が表示されないケースもあるので、重要なキーワードは、日本語が不自然にならない限り、できるだけ前の方におくことをおすすめします。

これは人間の視線は左から右へ流れるため、パッとタイトルを見た瞬間にキーワードが目に入れば、それに関連した記事かもしれないと感じ取ってくれるからです。

リード文を工夫してユーザーを離脱（直帰）させない

ユーザーがすぐに離脱する理由はこれだった

タイトルでユーザーの心をつかんだら、リード文（導入文）で本文への期待を高めます。

リード文はユーザーが最初に目にする文章であり、同時に「読む価値があるかどうか」を見極める重要な要素です。リード文を通じて「どんな人に向けた記事なのか」「何についてまとめているか」「記事を読むことで何が得られるのか」といった全体像を示すようにしてください。

リード文で読者を惹きつけられなければ、その先を読み進めてもらうことはできません。

ユーザーを離さないリード文のコツ

弊社では、次のような基本の〝型〟に沿ってリード文を作成しています。

「共感」→「記事の主張・概要」→「記事によって得られるベネフィット」→「特に読んでほしいユーザー像」

この型に沿って、「インプラント　歯医者　選び方」というキーワードでのリード文をつくると、次のようになります。

「初めてのインプラントでは、料金やドクターの技術、医院の雰囲気など、何を基準に歯医者を選んだらいいのかわからないという方も多いのではないでしょうか？　実は歯科医院選びは、料金やドクターの腕前だけで決めるものではありません。そこでこの記事では、皆さんが自分に合った歯科医院を選べるよう、5つのチェックポイントについて説明していきます。この記事を読めば、インプラントの医院選びで重視するべきポイントがわかり、安心して医院選びができるようになるので、インプラントに強く自分に合った歯科医院をお探しの方は必見です！」

基本的にはこのようなパターンです。

「ＳＥＯ　記事数」というキーワードでのリード文として、次のような例もあります。

「記事数とＳＥＯの関係性が気になってはいませんか？　ＳＥＯを意識して記事を作成しているのに、なかなか順位が上がらないと『どれくらい記事を書けばよいのだろう』『とにかく数を増やせば上がるのかな』などと不安に思う方は少なくないと思います。しかし、やみくもにサイト内の記事を増やしても、かえってＳＥＯにマイナスの影響を及ぼしかねません。

そこで今回は、ＳＥＯと記事数の関係や、最短で成果を出す記事の増やし方について解説します。この記事を読むことで、ＳＥＯに効果的な記事の増やし方が理解できます。

『できるだけ早く上位表示させたい』とお考えのＷｅｂ担当者さんは、ぜひ参考にしてください」

「E-E-A-T」を意識した記事で競合に勝つ

Googleが重視する〝4つのコンセプト〟

「E-E-A-T」は、Googleの品質評価のガイドラインの中で定義されている概念です。「E-E-A-T」はそれぞれ、「E＝経験（Experience）」、「E＝専門性（Expertise）」、「A＝権威性（Authoritativeness）」、「T＝信頼（Trust）」を意味しており、Googleによれば、「検索ランキングシステムが有益で的確な情報を提供しているか評価する際に使用されるコンセプト」と定義されています。なかでも「信頼」は最も重要な概念で、他の「経験」「専門性」「権威性」の3要素それぞれが「信頼」を支える概念となっています。（※）

（※）https://developers.google.com/search/docs/fundamentals/creating-helpful-content?hl=ja　より引用

Googleは「E-E-A-T」が十分に備えられたサイトを検索結果の上位に表示することを目指しています。

では、「E-E-A-T」のそれぞれの要素を、どのように記事に反映すればいいでしょうか。

「E-E-A-T」を使った記事のつくり方

「E＝経験（Experience）」

「経験」は、コンテンツ作成者が「トピックに関する実体験や人生経験をどの程度持っているのか」を表します。

これは「その商品を使用したことがある人と、そうでない人のどちらのレビューを参考にしたいか」を考えると、わかりやすいかもしれません。

その道の専門家でなくても、ある場所を訪問したことがあったり、日常的にそのサービスを使っていたりすればそれは、Googleの言う「経験」に該当します。

「E＝専門性（Expertise）」

コンテンツ作成者がトピックに関して十分必要な知識や技能を持っていることと、作成者が明示されていることが大切です。

法律のトピックに関する記事なら「弁護士」、美肌についてなら「皮膚科専門医」と、国家資格を有するというのも専門性を高める要因になります。

もちろん、記事内容に適した国家資格がなくても大丈夫です。

家電についての記事であれば、いわゆる家電マニアのようなイメージで家電について調査・検証し、一般の人よりも多く語ることができれば、豊富な経験に基づく専門性があるといえます。

「A＝権威性（Authoritativeness）」

権威性とは、そのトピックについて、コンテンツの著者やWebサイトの運営会社などがどれほど知見があるものとして信頼されているのかです。

権威性を高めるのに必要なのは、コンテンツに貼られる被リンクの数や、情報が参照・引用される数を増やすことです。

Googleが公式に発表している「Googleが掲げる10の事実」の中に「ウェブ上の民主主義は機能する」という項目があります。そこには、「〝Google検索が成果を出し続けている理由は、何百万人ものユーザーがウェブサイトに貼ったリンクを参考に、どのサイトが価値のあるコンテンツを提供しているかを判断しているため〟」と記載されています。(※)

本当に質がよいコンテンツはしばしば引用されます。例えば、官公庁が出しているデータ、エビデンスレベルが高い論文や研究などは、情報の引用元としてよく利用されています。

それらはまさに「権威」ですが、そこまでハイレベルなコンテンツを作成する必要はありません。

誠実に丁寧になるべく質の高いコンテンツをつくることを心掛けていきましょう。

(※) https://about.Google/philosophy/?hl=jaより引用

「T＝信頼(Trust)」

「信頼」は、そのサイトやページがいかに正確で、誠実で、安全で、信頼できるかを表す概念です。E-E-A-Tの4要素のなかで、最も重要なものと位置付けられています。

ここでは「会社概要ページやプロフィールは、見た人から信頼される情報と言えるのか?」「外部から信頼に値する評判があるか?」「コンテンツそのものに信頼できる証拠があるか」などが重要視されます。

信頼を高めるには、サイトの運営者情報をきちんと示したり、根拠となる情報源をしっかりと示したり、サイトをSSL化したりするなど、サイト全体でユーザーにとって不安のない状態に近づけていく必要があります。

中小企業の場合、まだ「E-E-A-T」を重視したコンテンツSEOを進めている会社はあまり多くないのが現状です。ですから、いち早く「E-E-A-T」を意識してサイト改善に取り組めば、その分優位に立てるでしょう。

最後はCGDで信頼アップ

「公開しなければよかった……」という後悔は先に立たない

私見ですが、世の中には3種類の「恥ずかしい記事」があります。

一番恥ずかしいのが、競合の記事とほぼ同じ内容のもの。2番目が、誤字脱字など単純な間違いが多いもの。そして3番目が、書かれている内容に誤りやわかりづらさがあるものです。

記事を書き終わったら、すぐにでも公開してユーザーの反応を知りたいと思うかもしれませんが、もしもこの3つに当てはまる「恥ずかしい記事」になっていたら、嘲笑の的になり、「公開しなければよかった……」ということになりかねません。

特に「競合と似た記事」の場合、笑い事では済まされず、著作権侵害で裁判沙汰になることもありえます。そのような事故を防ぐためにも、公開前に必ずCGDチェックをしてください。

「ＣＧＤ」とは、それぞれ「Copy & Pasteチェック」「誤字脱字チェック」「第三者チェック」の頭文字をとったものです。

弊社では、ＣＧＤチェックは記事公開プロセスにしっかり組み込まれており、ここをクリアしない限り、どんなにがんばって書いた記事であっても世の中に出ることはありません。品質管理には細心の注意を払っているのです。

ではここで、弊社が実施しているＣＧＤチェックの方法をご紹介しましょう。

ツール活用でミスは99%防げる！

◯C（Copy & Paste）チェック

「Copy & Paste」チェックでは、すでにインターネット上で公開されている記事の中に、作成した記事と類似する表現がないかを確認します。もし一致度合いの高い文章が見つかれば、そこは修正する必要があります。

ただ、インターネット上の膨大な情報の中から、マンパワーで同じような表現を見つけ出すのは不可能なので、弊社では『CopyContentDetector』（https://ccd.cloud/）というツールを使っています。

これは記事のテキストを入力すると、他のホームページに一致するものがないかチェックできるツールで、無料版の場合、４０００文字までの文章を入力できます。

チェックの結果は「一致率」という数字で示され、この数値が低いほうが好ましいと言えます。

あくまでも一つの目安ではありますが、49％以下であればひとまず問題ありません。50％を超える場合には、ツール上で「要注意」や「コピーの疑い」と判定されるので、記事を調整する必要があります。

また、「連続文字数」についても確認するようにしてください。全体の一致率が50％以下であっても、引用部分以外で25文字を超えて一致している文字列があれば、その部分は修正することをおすすめします。

「自分が書いた記事なんだから、他の記事と似ているはずがない」と考える方は多いのですが、記事を書く際には、何らかの情報をインプットしているはずです。どんなにオリジナルな文章を書いているつもりであっても、情報源と同じような文章になってしまうことは珍しくありません。虚心坦懐にチェックをしてください。

◯G（誤字脱字）チェック

自戒を込めてですが、文章には、誤字脱字がつきものです。

しかも不思議なもので「書いた文章は必ず見直すこと」を徹底しても、気づかない誤字もあります。個人的なメールやSNSならともかく、会社の顔となるホームページの記事で誤字・脱字が頻発していては「この会社、大丈夫なのかな……」と思われかねません。

誤字脱字を完全に防ぐのはマンパワーでは難しいので、ここでもツールを使います。

弊社で利用しているのは、『文賢』（https://rider-store.jp/bun-ken/）という有料のツールで、誤字脱字や不自然な表現、わかりにくい表現などを指摘してくれます。

記事を書いたら『文賢』でチェックし、必要に応じて修正すれば、誤字脱字に関してはほとんどノーミスを実現できます。

またChatGPTをはじめとする生成ＡＩでも、誤字脱字のチェックが可能です。無料版でも生成ＡＩがチェックしてくれるので利用してみるとよいでしょう。

◯D（第三者）チェック

自分で書いた記事の評価は、自分ではできません。

わかりやすく書いたと思っても他の人には理解できなかったり、丁寧に情報を調べたつもりでも専門家が見たら間違っていたり……ということは、文章を書く専門家の間でも珍しいことではありません。

そのため、書き上げた記事は、少し時間をおいて自分で再チェックをするのはもちろん、ほかの人に読んでもらい、フィードバックを受けてください。

その際、記事を読んでもらう人の中に、記事内容の領域に関して専門的な知見のある人を必ず１人は入れることが重要です。

ささいなミスであっても、事実と異なる内容があれば、読者の選択や決断に悪影響を及ぼすリスクがあるうえ、こうしたミスが多ければサイトへの信用も低下していくからです。

その他、一般的なユーザー目線で読むときのチェックポイントには次のようなものがあります。

これらの点に注意して、Dチェックを進めてください。

・見出しの文言と本文の内容に乖離がないか
・なくても意味が通じる、不要な文章や文言はないか
・表記揺れ（※）がないか
・漢字、ひらがな、カタカナのバランスはよいか
・中学生でも理解できる平易かつ一般的な表現でなっているか（想定するペルソナにとってわかりづらい表現になっていないか）
・情報が重複していないか
・主語と述語は対応しているか
・差別用語・表現はないか

（※）表記揺れとは、同じものを指す言葉なのに、記事内で複数の表記が使われている状態のこと。
例：「Ｗｅｂマーケティング」「ウェブマーケティング」など）

これらのチェックを行うことで、記事はより精度の高いものになります。それは会社に対する信頼にもつながってくるでしょう。

画像のサイズは200KB以下にリサイズする

データ容量の大きな画像、いわゆる「重い画像」は、ホームページの表示に時間がかかる原因の一つとなる場合があります
いまやほとんどのユーザーが、検索にはスマホを利用しています。通信回線が高速化しているとはいえ、重い画像は読み込みに時間がかかるため、ストレスを感じたユーザーは、さっさと離脱し、別のホームページに移動してしまうことでしょう。
そのようなことにならないよう、画像は撮影時のデータをそのまま使わず、なるべく軽くすることが必要です。画像の大きさにもよりますが、およそ200KBくらいを目安にしてください。
特に、画像を複数枚使う場合は、可能な限り画像を軽くしてユーザーのストレスを軽減しましょう。

第4章

「ユーザーファーストコンテンツ」ユーザー満足度を可視化しよう

文字だらけで読みにくいと読者は離脱する

初めて書いた記事を公開するときには、誰しも期待と不安が入り混じっているものです。「がんばって書いたんだから、たくさんの人に読んでほしい」「はたしてこの内容でよかったのだろうか……」など、いろいろな思いが交錯しながら公開のボタンを押す……。

と、その前に、確認するべきことがあります。

いま公開しようとしている記事を、もう一度見てください。

・適切な間隔で改行してありますか？
・長い文章の場合は、複数のブロックに分け、大見出しや小見出しをつけていますか？
・一文が長くなっていませんか？
・文字が詰まっていて、読みにくくなっていませんか？

文字がびっしり詰まったスマホの画面を見たら、そこにどれほど興味のあることが書かれていたとしても、読み始めるのを躊躇してしまうのではないでしょうか。

ＳＥＯ対策で結果を出すためには記事の内容が大切なのはもちろんですが、その大前提として、読んでもらえなければ話になりません。

そのためにも、文字の詰まった記事は「見た目」を整え、ユーザーに「読みやすそう」という印象を与えることが肝心です。次のポイントに沿って調整してください。

「読みたくなる記事」にする4つの秘策

1　一文の長さは最大80文字

一度にいろいろなことを伝えようとすると文章が長くなりがちです。その結果、主語が途中で変わったり、複数の話題が入り込んだりして、わかりづらい文章になります。それを防ぐために、一文は80文字以内で歯切れよくまとめてください。

一文を80文字以内におさめるコツとして、「一文一意」を意識するのがおすすめです。「～ので」「～ですが」「そして」のような形で、文を続けたくなってしまう気持ちもわかりますが、思い切って伝えるメッセージを一つに絞りましょう。

2 図解できる内容は図を入れる

文章だけでは説明が難しい事柄については、図解も組み込むと、ユーザーの理解が進みます。ビジュアル的な要素も加わることで「文字だらけ」という印象も薄くなります。

3 見出しごとの情報量に気を配る

記事を作成する際には大見出しと小見出しをつけて、情報を整理しながら書きましょう。もし、小見出しがなければ「デメリットは5つあります。1点目は～、2点目は～、そして3点目は～……」などとなり、大見出しに続く文章が圧倒的に長くなってしまいます。必要な見出しに過不足がないか、見出しを検討する際にまず見極めましょう。

ざっくりとした目安としては、一つの見出し内の文章を３００文字から４００文字程度でおさめるのがよいでしょう。なぜなら、その程度の文章量が、スマートフォンで閲覧したときに、画面内で見出し１ブロック分が完結する程度の文章量だからです。

ただ、いくら見出しを適切に入れても、どうしても文章が長文になってしまうケースがあります。文字数が多くなりすぎてしまった場合は、箇条書きのコンテンツを含めたり、図やイラストを入れたりして、文字ばかりの印象を和らげることも検討してみましょう。

4　必要に応じて多めに改行する

Ｗｅｂの文章においては、読者に「文字が詰まっている」という印象を抱かせないことが重要です。

インターネットユーザーは、紙媒体の読者とは異なり、「よし読むぞ」というモチベーションで読み始める人は多くありません。読みにくければすぐに離脱できますし、多くの人は読み込まなくても情報が得られることを望んでいます。

そのため、適度に改行をして、文字による圧迫感を減らす必要があります。

さすがに１文ごとに改行するのは、やりすぎかもしれませんが、内容を見ながら、意味のまとまりごとに２〜３文で改行してください。文章が詰まった印象が相当和らぎます。

読まれる記事のポイントは、何よりもユーザーに苦労を強いないことです。楽な気持ちで読める記事になるよう、見た目を仕上げてください。

「ユーザー満足度」は滞在時間と読了率で計測する

記事の良し悪しはコンバージョン数だけでは測れない

コンテンツを作成していると、コンバージョンが取れている記事と取れていない記事が出てきます。「たくさん閲覧されているけど、コンバージョンが獲得できていない記事は売上に貢献していないから意味がない」と思われる方もいるかもしれません。

しかし、そのような記事が自社サイトとユーザーの良質なコミュニケーションを確立し、未来のお客様を生み出している可能性もあるのです。

単純接触効果、別名「ザイオンス効果」とも呼ばれますが、接触機会が増えれば増えるほど、その対象に好意を抱くようになるという心理的現象があります。

リードタイムが長い商材の場合、人はさまざまなキーワードで検索を繰り返し情報収集したり思い悩んだりするでしょう。

そのときに、何度もあなたの記事を読み込んでくれていたとしたら、そのユーザーが将来の顧客に変化してくれることは、容易に想像がつくのではないかと思います。

では、その検討中のユーザーがあなたの記事を読んだ際に「クオリティが高く信頼できるな」と思うか「説明がわかりづらいしポジショントークが多い」と思い、すぐに離脱をしてしまうのか。どちらが理想でしょうか。

当然、前者です。

実は、Googleもこういったユーザーの満足度を計測し、SEOの順位にフィードバックしていると言われています。これらの満足度はどのように計測するのかといえば、「滞在時間」や「読了率」、「直帰率」であると考えられます。

滞在時間とは、文字通り、そのページやサイトにユーザーがどれくらい滞在していたのか、読了率は記事のどの部分まで読み進めたのか、直帰率はページを開いたもののすぐ検索結果などに戻ってしまうといったアクションを起こしたユーザーの割合を表す指標です。

これらのデータをGoogleは計測し、どのようなコンテンツがユーザーにとって満足度が高いのかを機械学習していると考えられます。

そのため、コンバージョンに至っていない記事があったときには「そのコンテンツはユーザーを満足させられているのか」という観点でチェックしてみてください。

滞在時間が極端に短い場合、ユーザーが不満に感じた質の低いコンテンツになっている可能性があるのです。

「滞在時間」と「読了率」で必ずチェックするべきポイントとは

・滞在時間

滞在時間の分析には、Googleが無料で提供している分析ツール『Googleアナリティクス４』（以下、ＧＡ４）を使うのが一般的です。本書ではイメージしやすいよう「滞在時間」という言葉を使っていますが、ＧＡ４では**「平均エンゲージメント時間」**という指標が滞在時間に対応する指標になります。（旧ＧＡの「平均ページ滞在時間」と、現ＧＡ４の「平均エンゲージメント時間」は厳密には異なる概念です）。

記事によって目的も内容も大きく異なるため、滞在時間には、一概に「○分くらいがよい」と言える基準はありません。作成した記事の中には、「この記事を読んだ人から、直接問い合わせがほしい」という記事もあれば、「しっかりと読み込んでもらい、読者の記憶に残るのが目的」という記事もあるなど、それぞれに異なる目的が設定されているはずです。こうした目的に対して、「滞在時間が極端に短くなっているとしたら、それはなぜか？」をチェックするとよいでしょう。

しっかりと読んでもらいたい記事なのに、あまりにも短時間で離脱されている場合は、記事の内容がユーザーのニーズと合っておらず、読まれていない可能性があります。一方で、滞在時間が短くてもコンバージョンが発生しているなら、ユーザーの検索意図をすばやく満たせているのではないかと判断ができます。

このように滞在時間は、それだけ取り上げても良し悪しの判断が難しいため、時間の長短にこだわりすぎる必要はありません。「どこまで読まれているか」という読了率などと一緒に確認し、参考程度に活用するとよいでしょう。

また、リライトをするのであれば、リライト前後でどれくらい滞在時間が変化したかをチェックすれば、変更内容によってユーザー行動や品質が改善したかを判断しやすくなります。

さらにSEOにおいては、ページ滞在時間だけでなく、サイト滞在時間も重要です。サイトを訪問したユーザーのニーズに合うコンテンツが充実し、きちんと案内できていれば、おのずと滞在時間も伸びるはずです。その記事だけでなく、その他のコンテンツやサイト全体の価値を高め、総体的にユーザーをおもてなしすることを意識してください。

・読了率

滞在時間の計測と合わせ、読了率の確認も重要です。「ユーザーは記事をどこまで読んだのか」「その結果、どのような行動をとったか」を分析することで、記事改善のヒントが得られます。

そこで、ユーザーの動向を確認するために使用するのが、ヒートマップです。

ヒートマップとは、ホームページ上でのユーザーの行動を分析するツールで、ユーザーの何%がどこまでスクロールして記事を読んだのか、ページ上のどのボタンを押したのかなどがわかります。

ヒートマップを見たときに、ある箇所まで読んで、その後に離脱しているユーザーが多いのであれば、記事の内容や構成を変更したり、離脱する箇所にCTAを設置してコンバージョンを促したりするなどの対策を検討するべきであるということがわかります。

逆に、コンバージョンに至るユーザーが多い記事の場合には、「この位置にCTAを設置しているのが効いている」「この見出しが読み込まれている」など、その理由を分析することもできるでしょう。

滞在時間と読了率をかけ合わせて分析することで、記事の強みや問題点が浮き彫りになります。ぜひツールを導入し、的確な対策を立案できる体制を整えてください。

無料のヒートマップツール「クラリティ」

ヒートマップには有料版、無料版のいろいろな製品がありますが、まずおすすめしたいのが、「クラリティ」です。

「クラリティ」は、マイクロソフト社が提供している無料のツールで、2024年5月現在では有料版はなく、無料版ですべての機能を制限なしで利用可能です。

クラリティのヒートマップ機能には「クリック」「スクロール」「エリア」の3種類があります。

「クリック」はユーザーがクリックした箇所を可視化するもので、リンクやボタンを含めページ上で発生したクリックの回数がわかります。

「スクロール」はページを読み進んでいったユーザーの割合を数値で示します。ページの最上部は100%のユーザーが見ていますが、スクロールを進めるに連れて数値が低下していくので、どのあたりまでユーザーが読んでいるのか一目瞭然であり、CTAの設置箇所の検討や、読み進めずに離脱してしまった要因を検討するために利用します。

最後の「エリア」は個々のリンクやバナーではなく、一定のセクション内でのクリック数や割合などを表示します。赤い領域はクリックが多く発生していること、青い領域はクリックが少ないことを表します。

ユーザーの動きを動画で確認できる「レコーディング」

・レコーディング

通常のヒートマップは「多くクリックされた部分が赤く表示される」など、ユーザーの行動履歴の累積を1枚のページとして可視化するものですが、「レコーディング」は実際のユーザーの行動を動画データとして記録するものです。最初のアクセスから離脱までの動きを動画で確認することで「何かのボタンを探して迷っている」「記事内のこの項目だけ見て問い合わせボタンを押した」といったことがわかります。

単なる定量データだけでは気づくことのできない、リアルなユーザー行動に気づくことができる有効なツールです。

・ダッシュボード

セッション数や平均滞在時間、平均スクロール深度、ユーザーの意図との一致度合いなど、各種のデータを確認できます。ダッシュボードでユーザーの傾向をつかんでからヒートマップやレコーディングを見ると、ユーザーの行動を理解しやすいです。

これだけの機能が無料で使えるというのは、かなりすごいことです。まだヒートマップツールを導入していない方は、ぜひ「クラリティ」で分析を始めてください。記事への反応が視覚化されることで、モチベーションアップにもつながるでしょう。

「KPIのチェック」より「潜在ニーズの深掘り」

PVが改善してもコンバージョンが増えない!?

コンテンツSEOの効果を測定するためにPV数やセッション数、ユニークユーザー数などの数値を確認します。読者のなかにも、定期的にこれらの数字をチェックして、そのたびに一喜一憂されている方もいると思います。

しかし、PV等のチェックはコンテンツ改善のために重要ではありますが、こだわりすぎると、本来の目標達成からは遠ざかる場合もあります。事実、PV目標達成のために改善を続けた結果、PV数は向上したけれど、本来の目的であるコンバージョンは一向に増加しないということもあります。

そしてこれには、検索キーワードとコンテンツ、そして導線設計という、3つの原因となる要素があります。

ＳＥＯ対策においては、ＰＶのチェックも当然大切なのですが、ＳＥＯの目的がコンバージョン数を増やすことであれば、ユーザーのニーズを具体的にイメージし、そのうえで記事を制作するということが大切です。ＰＶ数を伸ばすこととコンバージョン数を増やすことは、まったく別の視点が必要なのです。

サイトのＳＳＬ化は必須

個人情報保護の関心が高まっているいま、ホームページのＳＳＬ化は必須です。住所や氏名などの個人情報が流出する危険性があるホームページは、Googleが重視する〝ユーザーファースト〟ではないため、評価が低くなります。

また、ＳＳＬ化されていないホームページは、アクセスすると「このサイトは保護されていません」と警告が表示され、見栄えも訪問者が受けるイメージもよくありません。さらにGoogle Chromeでは、ＳＳＬ化されていないホームページは表示されない場合すらあります。

SSL化というと、面倒に感じる方がいるかもしれませんが、プロバイダーの中には、無料でSSL化のサービスを提供している会社もあります。SSL化は必須だと考え、取り組んでください。

入力フォームは「シンプル イズ ベスト」

最終段階の入力フォームでの離脱率は驚異の80%!?

直接的なSEO対策ではありませんが、コンバージョンまであと一歩というところで離脱されないために重要なのが、入力フォームの簡素化です。

特にスマホの場合、フォームに入力するべき項目が多いと、ユーザーは途中で面倒になり、離脱してしまう可能性が高いのです。

10年ほど前、イギリスの会社が調査したところ、フォーム入力の完了前に離脱する率は約80％もあったそうです。（※）

ＥＣサイトを含む海外の事例であり、また少し古いデータではありますが、10年経って、大幅に離脱率が変化しているという印象は受けません。仮に離脱率が50％まで下がったとしても、フォーム入力まで誘導できたユーザーの2人に1人を逃がしてしまっていることになります。これでは、苦労して進めているＳＥＯ対策も水の泡です。

その項目、本当に必要ですか？

フォーム入力完了前の離脱を防ぐためにも、入力項目は必要最低限のものにしぼるべきです。確かに入力項目を増やせば、事前にいろいろな情報を把握できますが、そのために肝心のお客様を逃がしてしまったのでは元も子もありません。

サンプル数は限定的ですが、実際に弊社の運営するＷｅｂｍａでもフォームの入力項目を一つ増やしたところ、資料のダウンロード数が半減しました。

もちろん、業種や目的によっても、入力フォームに入力してもらうべき項目には差がありますから、一概に「この項目は不要!」ということはできませんが、それでも本当に必要な情報かどうかは、判断できます。

問い合わせ数が多く、より熱量の高いお客様に絞って集客するために、あえてフォームの入力項目を増やすような場合は別として、入力フォームをつくったら、本当に目的を達成するために必要な項目だけに絞られているかよく見直してみましょう。

そして「不要な項目」「あってもいいが、なくてもいい項目」「後になってから確認すればよい項目」などは、すべて削除するか、必須項目から外して、できるだけユーザーの負担にならない入力フォームになるよう、心がけてください。

そのコンテンツ、広告になっていませんか？

ネットユーザーは嘘を嫌う

少し前の話になりますが「ステマ広告」が社会的な問題になりました。

「ステマ」とは「ステルスマーケティング」の略称で「一見、広告に見えないけれど実は広告」というものです。

例えば、事業主がインフルエンサーに依頼して、広告とわからないように商品やサービスを紹介してもらったり、グルメサイトのレビューに一般ユーザーを装った業者が高い評価のコメントをしたりするといったことが、典型的なステマの例です。

「消費者に誤った判断をさせる」という理由でステマが社会問題化してからは、業界団体が自主規制などの対応を進めてきましたが、２０２３年10月には法的な規制も実施され、違反者は処罰されるようになりました。

実際、都内の医療法人がGoogleの口コミに対して「よい口コミを書いてくれたらプレゼント」といった取り組みをしたところ、行政処分を受けた事例も発生しています。

このステマ規制の処罰対象は、金銭を受け取ったインフルエンサーや広告代理店などではなく広告主です。

このようにステマは厳しく法律で規制されるようになったのですが、コンプライアンスとしての側面だけでなく、ユーザーはステマを嫌います。

「純粋な情報だと思っていたらそうではなかった」という、騙し討ちのようなことは信用を損なうのです。

「ステマっぽさ」を避けるコツ

コンテンツSEOで作成する記事の最終目的は、自社商品やサービスを利用してもらうことなので、「誘導」と「情報」のさじ加減は難しいところがあります。それでも、ユーザーのニーズに合わない露骨な誘導は避けるべきです。

具体的には、次のようなことです。

・強引に自社商品やサービス、問い合わせに誘導する文言は使わない

ユーザーにとって有益な情報をどれほど紹介していても、あまりにも自社への誘導が露骨だと離脱してしまいます。あくまで、客観的な文章の中で「これなら、この会社の商品を選んだほうがいいな」とユーザーに思わせることが重要です。選択権はユーザーにあることをしっかり示しましょう。

・他社の評価を下げるようなことはしない

競合他社の批判は当然ながら禁物です。一歩間違えれば不正競争防止法の信用毀損行為にあたります。また、ネガティブな情報を発信すると、批判された側ではなく、発信した側の信頼性が損なわれます。たとえ、どんなに追い越したい競合他社がいたとしても、その競合他社の問題点をあげつらうべきではありません。自社の信用や顧客を減らすだけです。もし競合他社と自社を比較したいのであれば、根拠のあるデータを示し、自社の優位性を客観的に示すことにとどめておきましょう。

なお景品表示法では、比較広告は規制の対象になっていたり、医療広告のガイドラインでは比較優良広告は禁止とされていたりします。「比較するだけならいいだろう」と安易に判断せず、法律を理解したうえで、Ｗｅｂサイト上の記載をしていきましょう。

コンテンツＳＥＯで重要なことは、まずはユーザーが求めている情報と選択肢を提供し、そのうえで最終的に競合ではなく自社を選んでもらうことです。

そしてまた、そのような公正さを持つコンテンツがGoogleからも評価されます。

ミスリードする記事をつくると信用を失う

無意識にやっている可能性がある「ミスリード」

「嘘も方便」という諺があります。

たまに、嘘をついていたことを追及されると「『嘘も方便』というじゃないか」と言い逃れをする人もいますが、そのようなことが通用するのは、個人的な間柄だけでしょう。社会的な嘘やごまかしには、「嘘も方便」は通りません。信頼回復のために、多大なコストを払うことになります。

より多くの人に読んでもらう記事にしようと考えた結果、話題の言葉を強引に入れ込んだり、「ゼロ円でゲットする方法」などキャッチーな言葉を使ってユーザーをミスリードするコンテンツをアップしているという方は意外と少なくありません。ミスリードは、結果的にユーザーに嘘をついていることになります。

ミスリードが嘘だと気づかれてしまったら、たとえPV数がたくさん稼げても、コンバージョンの増加にはつながりません。

それどころか、信用が失墜して客離れを招くことも十分ありえます。

専門外のコンテンツは無理につくらなくていい

専門分野と絡めて隣の分野の記事はOK

「どうしても書くことが思いつかない」

そのようなとき、つい自身の専門分野とは無関係のことを書いてしまいがちですが、「目的と関係のない記事は書かない」ということが大原則です。趣味や昨日行ったレストランの記事を掲載するのはNGです。自動車の販売店がバイクや自転車に関する記事を書くことは、本来の専門ではなくても、自身の持っている知識や情報でユーザーにとって有用な記事となるのであれば、書いてもよいでしょう。

ただし注意点もあります。

それは、専門外の内容に手を出す場合、なるべく自身の専門と関係のある領域の記事を書いていくこと、そしてエビデンスの高い情報を入手して、正確性を意識した記事を執筆することです。そのうえでさらに、できるだけ自分の専門領域に寄せた内容の記事にできればなおよいでしょう。

本来のSEOの観点、特にE-E-A-Tの観点からすれば、専門性の高い記事のほうがGoogleの評価も高くなり、結果的に競合に勝つ可能性も高くなります。

ですから、記事を執筆する際には「きっとそのうち書くことがなくなるから、専門外の記事も入れていって、あとで困らないようにしよう」という安易な考えは捨て、まずは自信のある、専門領域の記事を手厚く書いてください。

また、専門外のことについて書く際にも、自身の専門性を活かすような独自の切り口を意識してください。

「自分の専門はAですが、実はBもよくて、Cも捨てがたいです」という記事では、ユーザーは何を選べばよいのかわかりません。

しっかり自身のポジションで意見を述べることが、ユーザーへの価値提供につながります。

「自分の専門はAです。ほかにBやCという方法もあります。それぞれのメリット・デメリットは次のようになります。いずれも一長一短がありますが、〇〇なタイプの方には、Aがおすすめです」という具合に、押し付けがましくなく、ユーザーの選択肢が増えたように感じられる記事を心がければ、専門外の記事でも十分に成果を出せます。

1か月記事を更新しないともう続かない

三日坊主の原因は「脳の疲労」

新しいことが長続きしない「三日坊主」。せっかく始めたことも、いつの間にか立ち消えになってしまい、自身の意志の弱さを嘆く……。

皆さんも、身に覚えがあることではないでしょうか。

実はこの三日坊主は「意志の弱さ」ではなく**「脳の疲れ」**が原因なのだそうです。

慣れていることを実行する場合、脳はほとんど疲れませんが、新しいこと、慣れていないことなど「変化」を伴うことをすると、脳はとても疲れるそうです。

そのため、疲労を嫌う脳は新しいことをできるだけ避けようとし、結果、三日坊主になってしまうというのです。

自身で記事を書くと決めたお客様の中にも、最初の2、3回はなんとか書いたものの、そこでぱったりと更新が止まってしまうという方が少なくありません。

記事制作が日常の業務の一部となっている場合には「脳が疲れて更新できませんでした」は通用しないので、何が何でも記事を書かざるをえません。

しかし、たまたまホームページ運用の担当者となったような方の場合、変化を嫌う脳は、できるだけ記事制作を遠ざけるために、担当者を「書くことが思いつかないな……。また明日、ネタを考えてみよう」という先延ばし状態にさせがちです。

一度そうなると、「なんとかしなくては」という思いとはうらはらに、「また明日考えればいい」というモードから抜け出せなくなります。そして数日がすぎ、さらに1週間、2週間が経過すると、本来の業務の忙しさに気を取られ、記事更新のことはどんどん頭の隅に追いやられます。気がついたときには、前回の更新から1ヵ月以上経っていた……ということになるのです。「変化はイヤ、のんびりしたい」という脳の勝利です。

「他人との会話」が疲れた脳を癒やす

もちろん、この状況を喜んでいるわけにはいきません。記事の更新を定期的に行っていかないと、いつまで経ってもGoogleでの露出は増えず、見込み客との接点も増えないからです。

そこで、この「記事を更新できない問題」に陥っている方におすすめしたいのが、「行き詰まったら誰かと話をする」ということです。

記事が書けない理由は、たいていの場合、文章を書けないということではありません。**「書く内容が思いつかない」**ということがほとんどです。それが脳にとってストレスになり、記事について考えることを拒否してしまうのです。

そこで、人との対話です。お茶でもランチでもいいので、「○○について記事を書くんだけど、いい内容を思いつかなくて。ちょっと雑談させて」というように、オープンなりラックスした雰囲気で、誰かと話をしてみてください。

「何がなんでもネタをつかむ！」と意気込んでいると、脳のストレスは高まるばかりです。「話をしているうちに、何かヒントがあればいいな」くらいの心構えでいてください。するとと不思議なことに、脳が働き始め、1人でうんうんうなっていたときには思いつかなかったアイディアが浮かんできます。

「そんなにうまくいくのか？」と思われるかもしれませんが、本当の話です。

実は私たちも、行き詰まると誰かと話をして、脳のストレスを減らしながら記事の切り口を考えているのです。

「ここしばらく、書くことが思いつかなくて記事の更新をサボっているな」という方は、ぜひ試してみてください。

脳が動き出すのを実感できるはずです。

成果が出ずあせりを感じていたSEO担当者へのアドバイス

ではここで、実際に成功されたお客様の事例を紹介しましょう。

そのお客様は、中堅コスメブランドでホームページの運用を担当されていた女性でした。本業は別にあり、その傍らでコンテンツＳＥＯとして１ヵ月に４本の記事をアップしていたのです。

始めてから３ヵ月ほどしても思うような成果が出ず、私たちのもとへ相談に来ました。

「書く内容も、社内でヒアリングしたり、お客様相談室に届く消費者の意見や疑問を参考にしたりして、私なりに工夫しているんです。それで、最初の記事を公開してから毎日のように、検索順位やアクセス数、ＰＶなどの数値をみているんですが、ほとんど変化がありません」

「はじめの１ヵ月は、それでもなんとか前向きに取り組めたんですが、２ヵ月目に入っても成果らしい成果がなくて、自分のやっていることが正しいのか、わからなくなってきました」

「上司からも『ホームページの調子はどう?』と聞かれるので、『もうちょっとですね』みたいに返事をしているのですが、上司も実際には、期待通りに進んでいないことはわかっているはずです。そもそも私自身、本業が忙しくて、モチベーションが低下しています。どうしたらよいのでしょうか？」

ということでした。

とても熱心で真面目な方だったので、期待された成果が出せないことにあせりを感じていたのだと思います。

そこで、私たちが「ＳＥＯの効果が出るまでには、最低でも半年は必要です。まだ始めて３ヵ月なら準備段階とも言えるので『成果が出ていなくて当たり前』くらいに思っていてください」と話すと、ホッとされたご様子でした。

二人三脚でSEO対策に取り組む

そのお客様のこれまでの記事を拝見すると、言葉の選び方がユーザーから検索されにくいものだったり、見出しがＳＥＯ的に適切ではない部分もあったりしたので、「月４本の記事のうち、２本を弊社で作成します。そちらを参考にして、上位表示されやすい記事の書き方の作法を覚えてみてください」と提案しました。

もともと非常に前向きに進められていただけあって、のみ込みが早く、6ヵ月目に入るころには、完全に自分だけで、私たちから見ても素晴らしいコラムを書けるようになりました。

定期ミーティングでお会いすると「しばらく、順位とか数字は気にしないことにしました。最近のコラムを読んだ同僚の多くが『すごくわかりやすくなった』と言ってくれているので、この方向で間違っていないはずと信じて書いてます（笑）」と、とても前向きなご様子でした。

そして7ヵ月目に入ったころのこと、検索順位がじわじわと上がり、ホームページのアクセス数も目に見えて増加。ついにお客様の努力が花開いたのです。

さらに嬉しいことに、最近の記事だけでなく、初期に書いたコラムも検索上位に表示されるようになりました。

まさに、コンテンツが資産価値を発揮しているという状態になったのです。

いまではその方が書いたコラムから定期的にお客様からの問い合わせを獲得できるようになり、会社の中で第二の営業マンとして活躍しているという話を伺いました。

また売上を実際に伸ばした功績から部下を持って、今ではコンテンツ作成を指導する立場にもなっているそうです。


コンテンツSEOは、長い目で、ポジティブに、ユーザーファーストの考えで取り組んでいれば、いつかは成果が出ます。

読者の皆さんにも、たとえ今がつらくても、正しい努力を続けてほしいと思います。

第5章

がんばらないSEOで
あなたの会社はもっと成長する

「がんばらないSEO」でなぜ成功できるのか

1ヵ月で20本の記事執筆を続けるも成果が出ない……

「1ヵ月で2本記事をアップすれば検索上位を実現できる」

それが、私たちが提唱している「がんばらないSEO」です。

このがんばらないSEOについて、キャリア入社の社員が入社前の出来事について語ったこんなエピソードがあります。

彼は、もともとエンジニアとして地方で働いていました。しかし、自身のキャリアを見つめ直したときに、マーケティングに強くなりたいと考え、SEOについて独学する傍ら、Webライターとして副業を始めたのです。具体的にはクライアントワークをしながら、マーケティングに関して発信するメディアを立ち上げて記事をアップしていくというチャレンジも行っていました。

副業の収入が安定してきたころ、より本格的に自身のキャリアとメディアを発展させたいと考え、フリーランスとして独立。自由に使えるようになった時間の大部分をインプットに割き、Ｗｅｂマーケティングやマーケティング、思考法などの書籍を１ヵ月に20冊以上を読破し、知識を整理していきました。

そこで得た知識をクライアントワークに活かすことで顧客満足度を引き上げ、またインプットしたものをアウトプットする場として、自身のメディアで記事にするという取り組みも引き続き行っていきました。

もともと副業時代につくっていたメディアは更新頻度がそこまで高くなかったため、フリーランスになってからは、１ヵ月で20記事の執筆を目標にして、結果４ヵ月で１００記事以上をアップしたのです。しかし、問い合わせにほとんどつながらず、見えない天井を感じます。

彼は、このままフリーランスとして活動をしていくべきか、それともＷｅｂマーケティングを生業としている企業に入って勉強をし直すか、悩み抜いたそうです。

そこで出会ったのが弊社の「Ｗｅｂｍａ」でした。

自分自身の足りないところに気づけた「がんばらないSEOの本質」

Ｗｅｂｍａは彼がフリーランス時代のころから時折参考にしていたメディアでした。その運営会社である当社がＳＥＯコンサルタントを募集していることを知り応募したところ、縁あって入社することになったのです。

Ｗｅｂｍａは彼がつくろうと考えていたメディアの一つの形であったため、どんなことに取り組んでいるのだろうと興味津々だったそうです。

実際に入社してから彼が驚いたのは、Ｗｅｂｍａでは「月に2本程度」しか記事をアップしないこともあり、競合他社と比べて投稿頻度は少ないということでした。

頻度で言えば、彼のフリーランス時代の１／12のペースです。それにもかかわらず、月に20~30件ほどの問い合わせを獲得していたのです。また、クライアントによっては月に10本以上の記事を納品することもあるのですが、月に2本程度の記事執筆で済んでいるクライアントが多く、入社当初は頭が「?」になり、「きっと裏で何かあるはずだ！」と考えていたそうです。

この「何か」こそが「がんばらないＳＥＯ」なのです。

ＳＥＯは結局、同じ市場に縄張りを持つ競合との検索結果の奪い合いです。

中小企業の競合は中小企業であることも多く、また地域に根付いたビジネスをしているのであれば全国を相手にする必要はありません。ローカル検索結果や、大手が参入していない検索結果で勝負をすればよいのです。

そして、実はそういった市場のＳＥＯの競争は、キーワードによってはそこまで苛烈ではないのです。

そのため少ない予算、少ないリソースであったとしても、戦う場所を見極め、戦略的に取り組めば、勝ち抜ける可能性が高いのが、昨今の中小企業におけるＳＥＯの現実なのです。

・顧客と向き合いターゲットを明確にする
・カスタマージャーニーを作成する
・自社のビジネスに合ったキーワードを選定する
・適切な導線設計を組む
・経営者肝入りでＳＥＯプロジェクトを進める

・生成ＡＩを賢く活用して効率化を図る

このようなＳＥＯの本質を押さえ正しいノウハウで取り組んでいけば、月に２記事を更新するだけでも目標達成できる可能性が十分にあります。

逆にこうした本質的な部分を無視して記事を量産したり、単純なテクニックにすがってしまったりすると、いつまでも成果が出ず、ただ消耗するだけです。

元フリーランスだった彼は、自身の顧客は果たして誰なのかというターゲットの設定に大きな誤りがあったのだと、入社してすぐに気づいたそうです。

この彼の失敗は多くの中小企業でもよく発生している現象です。

記事をがんばって書いてもうまくいかない、なぜうまくいかないのかわからない……。

さらには、何を書いたらいいかすらわからない。

こんな企業の担当者様も多いのではないでしょうか。

このがんばらないＳＥＯは奇をてらった怪しい手法ではありません。再現性をもって提供できる本質的なノウハウなのです。

営業成績トップの経験が成功を加速させた

「君の提案は一人よがりだ」

私は新卒で、グループ会社を合わせると何千名もいる某大手のインターネット広告サービス企業に総合職で入社しました。配属されたのは営業の部署でした。

そこでひたすら営業活動を行っていたのですが、入社してすぐは箸にも棒にもかからず、どうしたらうまくいくのかまったくわかりませんでした。

幸いなことに、当時、グループ全体でＭＶＰをとるような社員が私の先輩であったため、直接アドバイスがもらえました。

先輩は、「君の提案は一人よがりだ。もっとお客様のことを知ったほうがいいよ」とアドバイスをくれました。

当時、私は心理学的なアプローチや、自社商材と他社の商材の違いなどを日々頭に入れ、営業活動に臨んでいました。そんな私を見て先輩が感じたのは、顧客の立場で考えた提案ができていないということです。その言葉だけでは意味がわからなかった私は、先輩に頼み込み、営業に同行させてもらったところ、先輩の営業方法は、私とはまったく違うものでした。

先輩は、お客様がビジネスの対象としている方を鮮明にして、そのうえで必要なサービスについて説明をするので、先方は納得して話を聞いているのです。

私は「これだ！」と思いました。

いてもたってもいられず、帰社してすぐに、私はお得意様へ電話をして、食事の機会をいただけないかと打診しました。そこで、普段は聞けないお客様についてのさまざまな情報をヒアリングしました。

するとお客様からは「業者さんと食事するのは初めてで新鮮だ。今日は楽しく時間を過ごしましょう」とおっしゃっていただき、当日は私が率直に知りたい内容などを深く聞くことができました。

そこで気づいたのは「私は、お客様の課題とたまたま相性がよかったときしか契約が取れていなかった」ということです。それからは、お客様はもちろん、お客様の顧客像も明確にしたうえで提案を行うようになり、営業成績も上がっていきました。

これはエクスコアで営業を担当するようになってからも同様です。

幸い上場企業を含む12社のコンペでも、即決でエクスコアとおっしゃっていただいたこともありました。

お客様の課題を正確に理解し、お客様ファーストで解決のための施策を考えること。私が営業時代に得た気づきですが、これはコンテンツSEO施策にも通じるものがあります。

コンテンツSEOを成功させるために必要なのは、徹底したユーザー理解です。

「この商品、このサービスは画期的だから、きっと売れるはず」

そのような〝自分たち目線〟では、コンテンツSEOの成功は難しいでしょう。

お客様の役に立とう、お客様を深く知ろうという営業マインドこそ、コンテンツSEOでの成功に必要なものであり、「がんばらないSEO」を可能にするものなのです。

デジタルが苦手な世代でもSEOができる社会に

デジタル苦手世代でもストレスなく関われる

「SEO対策のことで……」と弊社に連絡をくださる企業の方のほとんどは、20〜30代です。それより年代が上の上司の方は、一度ご挨拶でお会いするくらい。実務の現場でお目にかかることはほとんどありません。

挨拶の場でよく言われるのが「あとは彼ら（若手社員）に任せますから」「この年齢になると、SEOとかデジタル系のことは難しくて。スマホも苦手なくらいだから（笑）」というセリフです。

管理職と現場の社員という関係性や社内事情もあるとは思うのですが、これには、正直なところ複雑な気分になります。

管理職の方にまずお伝えしたいのが、「ＳＥＯ、特にコンテンツＳＥＯは、デジタル領域に限った話ではない」ということです。

確かにホームページの調整や環境の整備は必要になります。

しかしそれは、私たちのようなＳＥＯ事業者が進めることなので、お客様に手を動かしていただくことはまずありません。

また記事の公開も効果測定も、ＳＥＯ事業者が実施します。

つまり「デジタルだからわからない」という心配は、ほぼゼロなのです。

自社のサービスや商品を熟知している管理職の方に積極的に入っていただくことで、よりユーザーに響く記事がつくれます。顧客企業の社長や管理職がかかえるお悩みを聞き出せるのは、若手よりも年齢が近い管理職の皆様です。そのお悩みを解決する記事を丁寧につくることで、問い合わせが増えてＳＥＯ施策がうまく回りだすのです。

ゴールの一つは「コンテンツSEOの内製化」

最も重要なのは「ユーザー理解」

「関わるすべての人が誇る会社を創る」これが弊社のスローガンです。

そしてこのスローガンのもと、私たちは、SEOをはじめとする、お客様に価値を感じていただけるサービスを提供しています。

そんな私たちが理想とするSEOの最終形は、お客様に自走していただくことです。

コンテンツSEOの本質は、単純にGoogleの検索順位を上げることではありません。

「エンドユーザーにお客様のことを十分に理解していただき、適切にコミュニケーションをとっていただくこと」です。

そのために、お客様の魅力をしっかり伝えることがSEO施策の本来の目的です。

コンバージョンを主眼においた記事は、その内容だけでなく、導線設計などテクニカルな側面も重視します。そのような点は弊社が得意とする領域ですが、そこは施策の本質ではありません。

本質は、お客様の魅力を存分に伝えることです。

では、そのためにはどうしたらよいのでしょうか。

お客様が満足できる定額サービスを目指す!

コンテンツSEOにおいて最も効果的なのは、その会社を一番よくご存じのお客様自身に記事を書いていただくことです。ユーザーからの質問、要望、そしてクレームなど、リアルな反応や声を知っているのは、お客様だけです。そのようなリアルな声に応える記事は、独自性の塊であり、ユーザーにとって魅力あるコンテンツになります。

そしてその制作プロセスの中で、SEO対策に適したコンテンツに仕上げたり、コンバージョン率を高める工夫をしたりするなど、テクニカルな側面のサービスを弊社が提供する。これが、私たちが考える理想のＳＥＯ施策です。

実際に、その理想を実現するための準備を進めています。

具体的には、月額の定額制で、お客様の自走をサポートするというサービスです。

もちろん、最初からすべてをお客様が進めるのは難しいので、テクニカル面だけではなく、必要に応じて記事制作についてもお力添えして、よりよい記事にするために伴走します。

決して私たちが前面に出るのではなく、だからといってお客様にすべてお任せするのでもなく、お互いの強みを存分に発揮してベストのコンテンツＳＥＯを進めていくこと。

お客様と共に、そのような理想を実現したいと考えています。それこそが最強の「がんばらないＳＥＯ」です。

あとがき

最後まで本書をお読みいただき、ありがとうございました。コンテンツＳＥＯに対するイメージに変化はあったでしょうか？

「月２本ならできそうな気がしてきた！」と思われた方もいらっしゃるでしょうし、あるいは「やっぱり、ＳＥＯって大変そうだな……」と、変わることなく及び腰、という方もいらっしゃるでしょう。

もちろん、私たちとしては前者の方が増えてくだされればうれしいのですが、ＳＥＯに対して、ハードルの高さを感じる方がいらっしゃるのは当然のことだと思います。

コンテンツＳＥＯは、何かのスイッチを押すとポンと答えが出てくるというものではないからです。成果を出すためには、いろいろなことを考え、実践する必要があります。そのプロセスには、一筋縄ではいかない、少なからぬ困難もあるでしょう。「自分には無理」と思ってしまう気持ちもよくわかります。

そのような方にぜひお伝えしたいことがあります。

それは、コンテンツＳＥＯとは、お客様と商品をつなぐコミュニケーションであるということです。

皆さんが、リアルなお客様を目の前にして、自社のサービスや商品を説明しているときのことを想像してみてください。そのとき「なんとかしてこの商品を買ってほしい。サービスを利用してほしい」という経営者的な目線はもちろんあるでしょう。

しかしそれと同じくらい、「この商品、サービスのことを知ってほしい。そしてそれらを使うことで、もっと毎日が豊かになることをわかってほしい」という真摯な気持ちもそこにはあるはずです。

その真摯な気持ちを、インターネットを通じて伝える方法が、コンテンツSEOです。「SEO」というと、どうしても〝無機質で数字を追うイメージ〟が出てしまうので、アナログ的な「真摯な気持ち」といってもあまりしっくりこないかもしれません。

しかし「お客様のためになるものを提供したい」という思いは、対面というアナログなスタイルでも、インターネットを介したデジタルなつながりでも変わりはないはずです。

インターネットを通じてお客様にメッセージを伝えようとするとき、目の前のモニターを見るのではなく、その先にいるお客様一人ひとりのリアルな姿を想像してみてください。画面の向こう側には必ず困りごとや悩みを抱えたお客様が存在しています。

対面だったら直接伝えられる熱い思いをデジタルで表現する一つの手段がSEOなのです。そのように考えていただければ、きっとSEOが身近に感じられるのではないでしょうか。

本書では、生成ＡＩの活用や、ユーザーにアピールするテーマの見つけ方など、できるだけハードルを低く、ＳＥＯ施策を進められる方法を数多く紹介してきました。

ぜひそれらを参考にしながら、ＳＥＯに取り組んでみてください。

私たちの「がんばらないＳＥＯ」の手法で、皆さんが提供されている〝価値〟を、ひとりでも多くのお客様にお届けすることができたら、これにまさる喜びはありません。

２０２５年３月

Ｗｅｂｍａ編集部

Webma編集部

Webマーケティングメディア「Webma」の編集チーム。株式会社エクスコアが2,000社以上の支援で得た知見をもとにメディアを運営。SEOに役立つ実践的なノウハウと最新情報を発信する。SEOコンサルティングやコンテンツ制作支援も提供。

主要執筆　加藤　学

静岡県出身。東京都立大学卒業。株式会社エクスコアの創業メンバー、現執行役員。運用型広告、SEO、ローカルSEO、Webサイト制作などさまざまなサービスとして営業を経験。エクスコアでは、新規事業を複数立ち上げ海外法人設立にも関わり幅広い領域に取り組む。歯科メディア「Medee」責任者。

書 籍 購 入 特 典

読者限定特典を無料でGET！

以下のQRコードを読み込んでください。

特 典 内 容

①SEO内部施策チェックリスト無料DL
②SEOライティングマニュアル無料DL
③SEO施策開始時のTo Doリスト無料DL
④SEOリライトガイド無料DL
⑤SEOサイト無料診断活用権

《マネジメント社 メールマガジン『兵法講座』》
作戦参謀として実戦経験を持ち、兵法や戦略を実地検証で語ることができた唯一の人物・大橋武夫(1906～1987)。この兵法講座は、大橋氏の著作などから厳選して現代風にわかりやすく書き起こしたものである。
ご購読（無料）は
https://mgt-pb.co.jp/maga-heihou/

■ カバーデザイン　飯田理湖
■ DTP　坪内友季

がんばらないコンテンツＳＥＯ

2025年4月10日　初版　第1刷　発行

著　者　Webma編集部
発行者　安田喜根
発行所　株式会社 マネジメント社
東京都千代田区神田小川町2-3-13（〒101-0052）
TEL　03-5280-2530（代）　FAX　03-5280-2533
ホームページ　https://mgt-pb.co.jp
印　刷　中央精版印刷 株式会社

ISBN 978-4-8378-0535-9　C0034